비바, 쿠바!

아빠와 딸이 함께 거닌 **쿠바 여행**

비바, 쿠바!

글·사진 **신병준·신혜원**

harmonybook

행복

쿠바에서

우리는 함께

걸으며 세상을 보고

춤을 추며 삶을 즐겼고

집으로 편안하게 돌아왔다

그 길을 걷는다면
함께 간 그 길을
다시 걷는다면

알록달록한 벽에 서서
더 멋지게 사진을 찍고,
길거리 음악에 몸을 맡기고
흥에 겨워 즐겁게 춤을 추리라
입 가장자리에 폼 나게 시가를 물고
올드 카에 올라 시내를 마음껏 돌아다니리

다시
그 길을 걷는다면
'비바 쿠바!'를 외치는 멋진 청년이
만들어 주는 카푸치노를 즐기고
카페에 앉아 한나절 그냥 보내며
자유인 체 게바라를 노래하리

아바나, 비날레스, 트리니다드,
시엔푸에고스, 산타 클라라, 카마구에이
바야모, 산티아고 데 쿠바, 바라코아

그 길을 다시 걷는다면
자유를 노래하고
아름다운 영감으로
행복을 노래하리

여행은 배반하지 않는다. 어느 여행이 좋았냐고 물었을 때 나는 늘 어떤 여행이고 즐겁지 않은 적이 없었다고 대답해왔다. 갔다 오면 내게 여행은 추억으로 남았다. 켜켜이 그리움으로 남았다. 삶은 어쩌면 추억의 총합이다. 잔잔해도 좋지만 한 획 한 획 굵은 선으로 이루어진 추억은 더 멋진 삶으로 남는다.

자유여행은 아이들이 어릴 때부터 떠났다. 초등학교 5학년 된 아들과 인도로 떠난 배낭여행을 기점으로 해외여행은 모두 배낭을 메고 감행하였다. 가족들과도 여러 곳을 다녔는데 한번은 상하이를 거쳐 황산, 장가계 루트를 개척(?)하기도 했다. 열흘 되는 짧은 일정이었지만 스스로 설계하며 재미있는 경험을 많이했다. 그 당시 황산에서 기차를 타고 장가계로 갔다. 자유로우며 창의적인 방법이었다. 패키지 상품으로는 생각할 수 없는 코스였다. 패키지 여행에선 상하이에서 황산을 가든 장가계를 따로 가는 게 보통이다. 짧은 여행이었지만 내 힘으로 새 길을 개척한 셈이다. 황산에서 장가계로 갈 때, 연결되는 기차를 찾기 위해 애쓴 기억이 떠오른다. 황산의 '노가'라는 지역에서 '잉탄'까지 간 뒤, 다시 장가계를 가기 위해 기다리며 고생했다. 중국어가 서툴러 불안한 가운데 잉탄의 기차역에서 나와 새벽 시간을 힘들게 보냈다. 처음으로 중국 여관의 반일 숙박비도 지불해 보았다. 시간당 10위안씩 올라가는 여관이었다. 패키지면 쉽게 갈 수 있는 장가계를 그렇게 뚜벅뚜벅 힘들게 갔다. 이렇게 내가 한 여행은 계획해도 늘 수정되었고 나중에 갔다 오면 새 길이 되었다.

쿠바 여행도 새롭고 아름다운 여행이었다. 다닌 길은 이미 남들이 갔던 길이라고 할 수 있다. 여행안내 책자가 제시한 길을 확인하며 다닌 모양뿐이 안 된다고도 할 수 있다. 그러나 그러한 길도 나에게는 최초의 길이었다. 어떤 이가 갔던 길이었겠지만 나는 새롭게 갔고 즐겁게 간 길이 되었다. 누가 딸과 쿠바 한구석에서 살사 춤을 추며 여행을 했을까? 새로운 경험이었다. 쿠바에서 살사 춤을 춘 일은 새 길이었다. 돌이켜 보니 한국에서 0.1%의 확률로 이루어질 호사스런 추억이었다.

딸하고 단둘이서 간 여행은 요번이 세 번째다. 딸이 초등학교 다닐 때 둘이서 캄보디아와 백두산을 갔다. 이번은 성년이 되어서 함께 갔다. 워킹홀리데이로 고생한 딸에게 선물이라고 했다. 아들은 초등학교 때 인도를 갔다 온 뒤, 군 입대 기념이라고 네팔의 히말라야에 함께 가기도 했지만, 이번에는 시간이 안 돼 빠졌다. 일본과 유럽을 함께 갔던 아내도 바빠서 빠지게 됐다. 쿠바에 넷이 움직이려면 경비도 만만치 않기에 둘이 적당하기도 했다. 딸에게 여행 선물은 웬걸? 결과는 거꾸로 됐다. 딸이 아니면 쿠바를 제대로 못 다녔을 것이다. 길 찾는 일부터 짐 드는 일까지 구석구석 딸이 고생했다. 그동안 잘 키운 보람을 느꼈다. 앞으로 딸이 여행 간다고 하면 나를 데려가 달라고 쫓아다녀야 할 형편을 깨닫게 되었다.

쿠바 여행은 우연이었다. 시쳇말로 '갑툭튀'라고 갑자기 툭 튀어나왔다. 딸은 인도를 가자고 했지만 신문을 보다가 쿠바가 눈에 띄어 쿠바로 정해졌다. 내가 안 가본 데가 쿠바였다. 처음에는 밋밋할 줄 알았다. 그리 큰 기대를 안 했다. 평소 생활이 만성피로에 시달렸는지 일들에 시큰둥해져 있기도 한 상태였다. 여행만큼 좋은 처방약이 없는 줄 아는지 몸이 신호를 보낸 듯 하다.

비행기 표를 끊은 뒤부터 분위기가 달라졌다. 설레기 시작했다. 설렘은 콜라처럼 강하게 쏘아 올랐다. 여행을 다녀오면 샘물처럼 잔잔하게 솟아나는 그리움과는 다른 기분이었다. 가기 힘든 상황이 여러 번 있었지만 뜻이 있으면 길이 있다는 말이 맞았다. 잘 다녀왔다. 비행기 표를 끊고 나서 손가락이 골절된 후, 치료 중에 또 골절됐으나 붕대로 칭칭 매고 잘 돌아다니다 왔다.

갔다 와서 사진을 뽑지 못했다. 간단하게 앨범도 만들지 못했다. 바빴다. 직장 환경이 바뀌었고, 부러진 손가락을 치료하느라 고생했다. 지나온 추억은 휴대폰에 저장된 채로 사장되어 가고 있었다. 아름다운 추억인데 그냥 묻혀 가는 것을 보고 있었다. 아까웠다. 어쩌다 딸보고 친한 친구들한테 사진을 정리하여 포토에세이를 만들어 주는 게 어떠냐는 말을 했다. 딸은 여행을 갔다 와서 마음이 많이 통했는지 흔쾌히 동의했다. 우

비바, 쿠바!

리끼리 만족하면 된다고도 했다. 나중에 그 배포는 거짓으로 드러났지만 그래도 바쁜 시간을 쪼개 일부를 썼다. 5부 '베라노의 추억'은 딸이 쓴 부분이다. 베라노는 스페인어로 '여름'이란 뜻으로 딸의 별칭이다. 나는 여행 갈 때마다 허락해 준 아내와 같이 못 간 아들에게, 미안하고 사랑하는 마음을 책으로 갈음해도 될 것 같았다.

이 책은 쿠바에 대한 여행안내서도 정보 책자도 아니다. 짧고 수박 겉 핥기로 여행 사진 몇 장 남기려고 정리한 이야기다. 아주 짧게 다녀와서 쿠바에 대해 잘 모른다. 짧은 시야로 보았을 뿐이다. 겉으로 잠깐 본 풍경이고 사는 모습도 부분에 불과하다. 삶은 자기가 해석하는 만큼 산다고 핑계를 대야 할 것 같다. 새로운 눈을 갖게 되었다는 데 의의를 둔다. 정보도 시간이 흘러 바뀐 부분도 보인다. 사는 게 바빠 점점 내 기억을 기록하기도 힘들고 추억을 갈무리할 시간도 팍팍했다. 쿠바의 인상을 가볍게 얘기하는 데 초점을 두었다. 차 한잔 나누며 편하게 쿠바 이야기를 하는 데 도움이 되면 좋겠다고 생각했다.

실지 못한 많은 사진은 아쉽지만 마음에 간직한다. 여기에 담긴 풍경과 인물 모두를 보여준 쿠바에 감사한다. 잠깐 머물다 떠난 여행자에게 너무나도 큰 행복을 주었다. 자존심에서 한 번이라도 멋지게 승리한 쿠바가 부럽고 고맙다. 삶에 지친 마음을 위로해 주었다. 지금 경제가 어렵지만 잘 헤쳐 멋진 쿠바로 발전하길 응원한다. 우연히 들어간 카페의 바리스타 청년이 멋진 발음으로 우리에게 인사한 것이 귓가에서 사라지지 않는다. 쿠바의 미래를 책임질 젊은 청년에게 똑같이 마음을 담아 인사한다. '비바 쿠바! (Viva Cuba!)'.

Contents

2부
현실을 이긴 낭만

3부
아바나에서 바라코아까지

4부
서성이며 본 길거리 풍경

17

5부
베라노의 추억

1부

혁명의 나라

기념품이 될 수 없는 마음

여행을 다니면서 기념품이나 선물을 사는 일은 촌스러운 일이 돼버렸다. 옛날이야 일본의 쓰메끼리(손톱깎기의 일본어), 태국의 호랑이 연고, 스위스의 잭나이프(접이식 칼) 등 외국 제품을 찾았지만 요즘은 아니다. 메이드 인 코리아가 대세고 외국 제품도 해외여행을 안 가도 다 구할 수 있다. 여행은 각자 조용히 다녀오고 기념품은 마음에나 간직할 일이다. 그런데 나는 여행가서 선물을 안 챙기면 늘 마음이 께름칙하다. 촌스러운 사람임을 고백하게 된다.

대개 가까운 친척에게만 알리고 여행을 조용히 다녀왔다. 나만 돌아다니는 것 같아 미안한 느낌이 들었고 굳이 알릴 필요도 없기 때문이다. 몰래 다녀왔으니 선물이 필요없었다. 일부러 지인들에게 얘기하지도 않았다. 친구들도 내게 그런 관심은 하나도 없다. 나도 친구들이 어디를 다녀왔는지 모르고 친구들도 묻지 않으니 거리낄 게 없다.

문제는 여행을 갔다 와서 시간이 별로 지나지 않을 때였다. 사람들을 만나 불쑥 튀어나온 경우다. 얘기를 안 할 수도 없고 하게 되니 뭐라도 줄 게 필요했다. 기념품으로 마무리를 안 하면 뭔가 빠진 느낌이다. 여행 갔다 온 지 며칠 안 됐는데 이야기만 하는 게 불편했다. 여행 갔다 왔다고 자랑이나 하지 말 것이지 말을 꺼낸 게 문제다. 분위기가 싸해져 몸 둘 바를 모르게 된다. 선물이 필요했다. 마무리할 총알이 필요했다.

몇 년 전 네팔에 갔다 온 뒤 야심차게 히말라야 립스틱을 준비하여 여선생님에게 기념품이라고 당당하게 줬다. 내심 작지 않은 반응을 기대했다. 그러나 받는 선생님 얼굴 표정부터 감동이 없어 보여 당황했다. 프랑스어로 관용의 뜻을 지닌 똘레랑스를 발휘해 대응했다. 한국 사람이 서양 사람에 비해 선물을 받고 감동이 없는 것으로 이해하려 했다. 오판이었다. 알고 보니 한국에서 그 립스틱은 흔하다고 한다. 가격도 싸 안 쓴다고 한다. 내 얼굴이 붉어지고 화끈해졌다.

한 번은 인도를 갔다 온 뒤 지인에게 선물로 향을 선물했는데 그 집안은 기독교 집안이었다. 많은 향을 한 번도 피우지 못하고 먼지만 피우다 버렸다고 한다. 못다 핀 향을 보며 가수 김수철의 '못다 핀 꽃 한 송이'가 생각났다. 그 후로 나는 선물로 감동을 줄 자신이 사라졌다.

그나마 쿠바에선 선물 고르기가 편하다. 선물이 아니더라도 기념품을 챙기기가 좋다. 체 게바라 얼굴 하나만 들어가 있으면 된다. 체 게바라는 만인의 관광 상품이다. 세계 어디에서나 친근하고 충분히 감동을 줄 수 있다. 우리나라에서도 아직 통한다. 체 게바라 얼굴이 있으면 희소성도 있고, 사람들에게 뭔가 조금 의식 있는 이로 비친다. 거기에 쿠바 국기, 밀짚모자, 아바나 클럽이 새겨진 에코 가방 등은 어느 상점에나 있고 가격도 적당하다. 무너진 자신감을 충분히 복구할 수 있다. 이것들은 자신있게 여행 얘기를 하고 다녀도 좋을 만큼 마음을 든든하게 해준다.

살 만큼 샀다고 생각했는데 여행을 마치고 와보니 선물이 충분하지 못한 것을 알았다. 만나는 사람마다 쿠바가 좋다고 떠들고 다녔기 때문이다. 생각이 짧은가, 성격이 문제인가? 한참 내 자신을 탓하다가 그렇게 학대할 수만은 없어서 답을 딴 데서 찾았다. 돈 탓으로 돌렸다. 기념품 살 돈이 충분하지 못했다. 그리고 하나 더 덧붙인다면 자랑하고 다닐 만큼 쿠바 여행이 괜찮았다. 조용히 다녀와서 마음으로만 간직하기엔 조금 아까웠다. 그렇게 자랑하다 보니 나눠줘야 할 선물도 자연스레 부족했다.

　다음에는 무조건 많이 사야겠다고 다짐했다. 촌스럽더라도 선물이 없는 것보다 낫다. 여행하며 선물을 사려는 마음이 있었다거나, 준비하지 못한 선물 대신 감동을 전해준다고 말해 봤자다. 대부분 마음으로는 성에 안 찬다. 마음은 마음뿐이다. 보이지 않으면 증명이 안 된다. 선물이 쓰레기로 남더라도 가지고 간 돈으로 바리바리 사 두는 게 속 편하다.

　그때 주지 못한 선물을 글과 사진을 엮은 것으로 대신할 수 있을지 생각해 본다. 책이 냄비 받침으로 쓰이더라도 주고 싶다. 이번에는 선물이 어땠냐고 묻지 않고, 오로지 주는 데서 기쁨을 찾을 것이다.

　쿠바를 다녀와서 짐을 풀어 보았다

　시가, 럼주, 커피, 가죽지갑, 팔찌,

　열쇠고리, 책갈피, 그리고

　체 게바라 사진이 들어 있는 잡지

　한 푼 한 푼 애지중지하며 샀던

　기념품들이 보이는데

　귀국해 며칠 지나니 초라하다

　친지나 벗들에게 주려면

싸더라도 많이 사왔어야 하는데
내가 기념하기에도 빠듯하다

휙휙 들리는 휘파람 소리와
언제든 출 수 있는 흥겨운 음악,
낭만의 거리와 말레콘의 노을
사람들 웃음소리
아빠와 딸이 쿠바의 끝자락에서
살사를 추며 거닐며 느낀 마음을
포장하여 선물하면 좋으련만

추억, 그리움은
기념품이 될 수 없나?

만나는 사람들 눈매가 무섭다
기념품을 찾는 듯하다

비바 쿠바! (Viva CUBA!)

나라 이름이 겸손하다
A, B, C를 합집합 U로
조합하여 CUBA

아프리카의 가나(Ghana)도
쉽고 친근하지만
글로벌 세상을 생각했는지
CUBA

CUBA의 뜻이
중심지(Cubanacan)라서 선명하나?
길거리에서 자주 들리는
"비바 쿠바"도 강렬하네

비바 쿠바!(Viva CUBA!)
쿠바 만세!

태극기가 바람에 펄럭입니다

"태극기가 바람에 펄럭입니다. 하늘 높이 아름답게 펄럭입니다."의 동요도 제대로 부르기 힘든 시절이다. 태극기를 얘기하면 조금 이상하게 볼까 겁난다. 한 해를 보내며 알게 된 신조어들 중 하나이기 때문이다. 왜놈 앞잡이라는 '토착왜구', 행동하지 않고 말로만 진보를 외치는 '입진보', 깨어있는 시민인 '깨시민', 그리고 태극기를 들고 데모를 한다는 '태극기 모독 부대' 등등을 보면 안다.

태극기 모독부대가 눈에 띄었다. 태극기 부대로 부르다가 언제부터인가 태극기 모독부대로 불린다. 광화문에서 일어난 일 때문이다. 사람 때문에 태극기가 오염되었다. 태극기 부대도 애국을 위하고 자유와 민주를 위한다고 애쓸 텐데 불명예스러운 이름을 갖게 됐다.

태극기 애국부대인지 모독부대인지 판단은 후일 역사에 맡길 수밖에 없다. 한 편을 택하라면 어떤 애국이 보편적인 공동선에 더 가까운지 살필 뿐이다. 신영복은《감옥으로부터의 사색》에서 좋은 사람과 나쁜 사람이 싸울 때, '중립'이란 실은 중립이 아니라 기회주의보다 더욱 교묘한 편당임을 쉽게 알 수 있다고 했다. 모든 사람들로부터 호감을 얻으려는 충동은 '심약함', '화냥기', '감상적 이상주의'에 불과하다고 했다. 사랑은 분별이기 때문에 맹목적이지 않고, 사랑은 희생이기 때문에 무한할 수도 없다고 했다. 주위를 둘러봐도 양쪽을 모두 비판하는 이들은 자신의 색깔을 숨기는 것같이 보인다. 흑백 논리에 빠지는 일도 경계해야 하지만 진실 편이라며 중립에 서 있을 만큼 현실은 녹록지 않다. 결국 한 편을 지지할 수밖에 없게 된다.

유신 시절부터 우리는 국기에 대한 맹세를 해서 그런지 국기가 소중한지 모른다. 너무 흔하게 보여서 그렇다. 일본 식민주의 시절에는 태극기를 지니고만 있어도 생명이 위태로웠다. 제대로 태극기를 사용해야 할 일이다. 태극기를 미국기와 이스라엘 국기까지 같이 흔들면 어쩌자는 것인지 모르겠다.

태극기를 자랑스럽게 흔든 적이 있다. 벅찬 감동으로 국기를 흔들며 나라를 생각했다고 본다. 독도에서다. 뭉클했다. 독도를 갈 때 무슨 생각인지 태극기를 준비해 갔는데, 적중했다. 인기가 폭발했다. 사진 찍는 데 소품으로 최고였다. 너도나도 빌려달라고 했다. 각각 다른 지역에서 독도로 온 관강객이라 전혀 모르는 사람들이었다. 태극기를 찾는 데서 사람들의 애국심을 짐작한다면 나라 걱정할 필요가 없었다.

우리나라 사람이 외국에 나가면 애국심이 생긴다고 한다. 독도가 바다 바깥의 해외라서 단결심이 생겼나 보다. 나도 태극기를 들고 사진을 찍다 애국심이 더했는지 몰라도 독도 방문 이후 나라와 태극기에 대한 존경심이 무척 커졌다. 그동안 홀대한 태극기에 미안한 마음이 들었다. 독도의 외로움을 그동안 잘 모르고 있었다. 우리가 무관심했는데도 독도는 홀로 꿋꿋하게 우리나라를 지키고 있었다. 늙어 힘들어하셨지만 살아있는 존재 자체로 위안이 되었던 어머님 같았다. 독도와 태극기 덕분에 나라가 자랑스럽고 애국심이 배로 생겼다. 태극기가 특별한 때가 되어야 펄럭이는 것과는 달리 쿠바에서 국기는 어디에서든지 나부낀다. 좌파니 우파니 국기를 놓고 싸우는 일도 없다.

태극기를 흔드는 이들을 포함하여 우려하는 이들까지 모두 우리 국민이다. 우리 나라의 장래를 생각해서라도 서로 이해하려고 노력해야 한다. 저마다 생각이 달라도 그들은 스스로 우리나라의 장래를 위해 애쓴다고 생각한다. 그러면 먼저 태극기 존재를 제대로 인정하는 일부터 시작하면 어떨지 생각해 본다. 태극기를 제대로 아끼는 일이 무엇인지 깨달아야 한다. 태극기를 서로 당기면 바람이 불어도 제대로 펄럭이지 못한다.

이참에 태극기를 편하게 흔들 날을 하루 더 만드는 게 어떨까? 태극기 앞에서는 좌니 우니 따지지 않고 모두가 하나로 만날 수 있을 것 같아서다. 내게 그런 날을 경험해 준 독도 여행이 있다. 사진 찍을 때 어느 쪽인지 알 필요도 없고 태극기만 필요로 했다. 독도를 생각하고 태극기를 생각하니 독도의 날이 제격이다. 독도의 날, 10월 25일이다. 1900년 10월 25일 고종황제가 대한제국 칙령 41호로 독도를 울릉도의 부속 섬으로 명시한 날을 잘 모르는 국민도 많다. 다른 기념일보다 홀대받는 것도 회복할 수 있다. 기념일을 되새기면서 자랑스런 태극기를 흔들면 여러모로 좋을 것 같다. 그날은 틀림없이 태극기가 바람에 세차게 펄럭일 것이다.

어딜 가든 나부끼는 쿠바 국기는
1848년 로페스란 사람이
텍사스 론스타를 본떠 만들었다지

독립을 상징한다는 하얀 별,
인종 차별을 넘으려는 빨강, 파랑, 하양이
나라 이름처럼 눈에 쉽게 들어오네

펄럭이는 쿠바 국기는
태극기를 생각하게 하고
남북, 북미 정상회담을 보다 보니
낯선 인공기까지도 눈에 들어오는데

태극기를 비롯한 여러 국기가
우리나라에 자연스럽게 걸릴 수 있을까?
자유롭게 왕래하고 서로 도울 수 있을까?

이런저런 상상을 할 때
내 마음도 펄럭이네

커피 한 잔에 중독되다

절대 야식을 하지 않겠다고 하면서도 밤이 되면 어슬렁어슬렁 냉장고로 가게 된다. 독종이 아니면 끊기 힘든 유혹에 사로잡혀 살고 있다. 커피도 그렇다. 밥 먹고 커피 한잔을 끊기 힘들다. 위장병을 앓고 있어 커피를 멀리했던 나에게 쿠바의 커피 맛은 치명적이었다.

밥 먹은 뒤에, 돌아다니다 힘들어도, 급기야 나중에는 길거리 카페만 보여도 커피 한잔을 찾게 되었다. 보약도 아닌데 싼 맛 때문인지, 단맛 때문인지 나도 모르게 그만 중독되고 말았다. 그동안 커피도 디카페인으로 먹곤 했는데 카페인 긴장미도 끊어졌다. 시가하면 쿠바인 줄은 알았는데 쿠바하면 커피가 들어가는 줄은 몰랐다. 비싸기나 하면 그리 친해지지 않았을 텐데 길에서 커피 한 잔에 우리나라 돈 100원도 안되고 현지인 화폐인 모네다로 살 수 있으니 커피 노래를 부르게 됐다.

크리스탈 마퀴노, 터퀴노, 쿠비타노, 뭐뭐뭐 고급커피가 아니라 길거리에서 파는 커피의 맛이었다. 내게 세계의 쿠바 커피는 모네다 길거리 커피다. 세계 바리스타가 놀란 우리나라 노랑 막대(?) 믹스 커피보다 더 세게 나를 유혹했다. 아주 단 에스프레소였다. 작은 한 잔이 강렬했다. 한 잔, 한 잔 마시면서 서서히 쿠바에 중독되어 간다고 느꼈다.

쿠바에 들어오기 전 러시아 모스크바를 경유했다. 모스크바에 카페가 왜 그렇게 많은 줄 처음에는 몰랐는데 걷다 보니 알게 됐다. 추워서였다.

조금 걷다 보면 추워서 따뜻한 카페만 찾게 되었다.

쿠바는 덥다. 길거리 카페는 더위를 피할 만한 곳이 아니다. 카페도 많은 편은 아니다. 그러나 추위만큼이나 더위도 커피를 끌어당기는 힘이 있었나 보다. 길거리 카페를 찾는 게 즐거웠다. 함께 다니던 딸은 한국에서 안 먹던 커피를 많이 마신다고 뭐라 했다. 그러면 나는 쿠바의 커피 맛은 세계에서 알아줄 정도라 찾을 수밖에 없지 않냐고 답했다. 그 맛을 아는 나 또한 '클라스'가 다른가 보다고 너스레도 빠뜨리지 않았다. 국제적으로 돌아다니다 보면 모스크바 카페, 아바나 커피를 즐길 정도로 '급'이 달라지는 것을 실감하게 된다.

혁명

나라마다 사회와 문화가 달라 생긴 독특한 어휘가 있다. 중국에 처음 갔을 때 인민이란 단어가 새롭게 다가왔다. 사회주의 국가에서 쓰는 단어였다. 인민로, 해방로 등이 낯설었다. 혁명이란 단어는 쿠바에서 확 들어왔다. 거리나 상점 곳곳에 혁명이란 단어가 넘실댔다. 우리나라가 촛불혁명을 이루었을 때처럼 자부심도 커 보였다. 혁명을 주도한 세대가 점점 사라지고 있지만 여전히 혁명을 이룬 분위기가 남아 있는 듯했다.

혁명을 거론하니 김수영의 시가 떠오른다. 김수영의 〈육법전서와 혁명〉은 이렇게 시작하고 있다. "기성 육법전서를 기준으로 하고/ 혁명을 바라는 자는 바보다/ 혁명이란/ 방법부터가 혁명적이어야 할 터인데/ 이게 도대체 무슨 개수작이냐/ 불쌍한 백성들아/ 불쌍한 것은 그대들뿐이다/ 천국이 온다고 바라고 있는 그대들뿐이다."

1960년 4.19 혁명을 배경으로 하였으니 김수영 시인이 거의 60년 전에 쓴 작품이다. 시인의 혜안은 통찰력이 있다. 혁명의 의미를 날카롭게 표현했다. 혁명은 기존 체제를 엎는 데서 시작한다고 했다. 변하지 않는 사회 구조에서 제대로 개혁도 이뤄내지 못하는, 당시의 퇴색한 의미의 혁명을 비판하고 있다.

시대도 흘렀고 현실도 바뀌었지만 시인이 말하는 혁명의 의미는 새겨볼 만하다. 현재 사회 안전망은 튼튼하지 못하다. 불안전하다. 상대적인 양극화도 문제다. 시대의 흐름과 본질을 보지 못하고 국민들은 불쌍하게도 위정자들이나 언론, 권력에 끌려다니는 느낌이다. 시인이 국민을 탓하는 것도 이해하게 된다.

혁명은 여전히 과격한 단어다. 혁명 논의는 감옥에서나 가능하다. 우리나라에서 쓸 수 없는 금기어로 지내왔다. 그나마 민주화가 되어 점차 자유로워졌다. 말도 제대로 하지 못하는 시대를 벗어나고 있다. 지금 시대를 4차 산업혁명 시대라고도 하고, 혁명을 촛불혁명, 종교혁명, 연애혁명, 성혁명 등 어디에나 붙여 쓰고 있다. 혁명을 논하지 못하지만 혁명을 붙여 말하고 있는 모양새다.

쿠바에서는 혁명에 성공했지만 혁명은 여전히 필요해 보인다. 가난을 비롯한 사회 문제가 많기 때문이다. 혁명을 하지 않은 나라보다 사회 부조리가 더 심해 보이기도 하다. 그런 의미에서 혁명은 종결형이 아니라 진행형의 단어임을 알 수 있다. 미완의 의미를 지녔다. 혁명이란 단어에서도 자유로워야 한다. 체제를 뒤엎는 차원만이 아니라 깊이와 넓이를 폭넓게 볼 필요가 있다. 부분적인 제도의 바꿈도 바꾼다는 점에서 혁명이 될 수 있다. 바꿈이 올곧은 방향으로 된다면 혁명의 단어도 혁명적으로 풀려야 한다. 혁명이란 단어가 자연스러워질 때 혁명은 여러모로 덜 억울할 것 같다.

쿠바를 쿠바답게 만들었다
거대 권력과 싸움을 하고

힘들지만 자존심을 지키며
혁명적으로

우리에게 조심스럽고 낯설지만
어딜 가도 혁명이란 단어가 보인다
동네마다 혁명광장이 있고,
혁명의 상호로 카페가 있다

그러나 촛불로 이긴 듯한
광화문 평화 혁명처럼
쿠바에서도 혁명은
아직 끝이 나지 않았다

혁명은 끝내는 게 아니라
계속해서 불을 지피는
꺼질 듯 꺼질 듯
약한 촛불 붙드는 힘든 노동이며

고독한 가운데
나와 나 주변에서 번지는
아주 작은 몸부림이다

모히또 가서 몰디브 한잔하지

'모히또에 가서 몰디브 한잔하러 가지.' 영화 〈내부자〉에서 배우 이병헌이 즉흥적으로 말해 인기를 끈 대사다. 쿠바에서 이 모히또 한잔의 매력을 알게 되었다. 헤밍웨이가 즐겨 먹었던 곳, 아바나의 플로리다 술집에서다. 관광객 필수 코스이기도 하다.

이 매장은 늘 발 디딜 틈도 없다. 쿠바 관광객 거의 전부가 모히또 한잔을 기본으로 마신다고 보면 된다. 하루에 수천 잔이 팔릴 것이다. 잠시 봐도 수백 잔이 팔렸다. 1쿡을 편하게 1달러 정도로 보면 한 잔에 5쿡은 작은 돈이 아니다. 그러니 헤밍웨이가 쿠바를 먹여 살린다는 말도 맞다.

술을 즐기지 않아도 모히또 한 잔은 하려고 했다. 감당할 수 있을 만큼 관광객들이 즐기는 기본은 따라할 필요도 있다. 딸과 나는 한 잔을 시켜 나눠 먹었다. 궁색했다. 기본의 반이었다. 한 잔 값이 조금 비싸 그랬다. 맛만 보려고 했다. 먹어보니 맛있었다. 곧 한 잔 더 시켜 먹었다. 더 시킬 수밖에 없을 정도로 맛있었다. 처음에 두 잔 시킬 걸 너무 쫄았다. 외국에 나가면 한 푼이 아깝다. 난 틀림없는 애국자다.

모히또보다 더 큰 의미는 인증 사진 한 장이다. 술집 플로리다에는 헤밍웨이 상이 크게 서 있다. 몇 잔 먹는지 지켜보는 것 같아 기분은 썩 좋지 않다. 카페에는 시간대에 맞춰 재즈를 직접 공연해 주기도 한다. 모히또 한 잔 값이 아깝지 않다. 음악이 있고, 헤밍웨이가 옆에 있고, 관광객

이 있고, 거기다가 알딸딸한 모히또가 있으니 지상낙원이다. 정신 못 차리면 한 잔이 아니라 몇 잔이라도 시키게 된다. 병으로 팔면 나발을 불수 있을 정도다.

라임 주스, 민트 잎, 설탕, 소다수를 적절히 섞어 럼 없이도 판다. 노히또라고 알콜이 없는 것도 있으니 상술이 기가 막히다. 더운데 벌컥 벌컥들여 마셔도 성이 안차지만 기도하는 마음으로 음미하며 먹었다. 천천히먹어야 했다. 돈을 생각해서 한 잔으로 끝내야 했다. 사진도 찍고 주점 풍경도 즐기는 값으로 한 잔이면 된다. 취하려면 럼을 사서 생으로 먹는 게

화끈하다. 알콜 도수가 다르다.

  이제 몰디브 가서 모히또는 못 먹어 봤어도 헤밍웨이가 갔던 아바나 플
로리다에서 모히또는 먹어 봤다고 자랑할 수 있다. 이것으로 족하다. 앞
으로 소주나 막걸리보다 좀 더 품위 있게 모히또 한잔하러 다녀야겠다.
한국에서 마시는 모히또 한 잔은 기본이 아니라 고급이 되겠지만. 뭐라
도 좋다. 이렇게 모히또 한 잔 생각하다 보니 몰디브에 가지 않고서도 벌
써 취한다. 캬~

체 게바라, 오! 체 게바라

철학자 장 폴 사르트르는 체 게바라를 '20세기의 가장 완전한 인간'으로 칭했다. 어떠한 의미에서 완전한 인간이라고 한 줄은 모른다. 타인을 위하고 사상을 실천하기 위해 스스로 선택하고 판단한 모습이 아니었나 추측해 본다. 하나 덧붙인다면 세상 도처에 깔린 그의 인물 사진 자체로 체 게바라는 완전한 인간에 가까운 것 같다.

장 코르미에의 ≪체 게바라 평전≫을 참고하면, 체 게바라는 1928년 아르헨티나에서 태어나 1953년 25살에 의학박사 학위를 받았다. 첫 번째 여행을 1951년에 친구 알베르토와, 두 번째 여행을 아메리카 병사가 된다며 1953년 페레스와 떠났다. 1955년 27세에 29세인 변호사 피델 카스트로를 만나 쿠바 혁명에 동참한다. 1959년 1월 혁명에 성공하였다. 그의 나이 31세였다. 결혼은 1954년 페루 사회주의자 '일다'와 했다. 그러나 혁명 운동 때문에 일다와 헤어져 있었다. 체는 일다를 쿠바에서 1959년 만나는데 그때는 다른 여자와 재혼한 상태였다. 두 번째 부인 마르쉬도 혁명 동지였다. 두 부인에게 2남 3녀를 두었다. 체는 중앙은행 총재와 산업부장관을 역임한다.

그리고 1965년 4월 쿠바에서 할 일은 끝났다는 편지를 남기고 아프리카 콩고로 간다. 이 당시 라틴아메리카 전역에 유포된 글이 있다. 그는 "혁명가들은 늘 겸양과 정의와 진실에 대한 열망을 갖도록 하며, 살아 있는 인류를 향한 위대한 사랑을 구체적 사실로 전환시키기 위해, 가치 있는 본이 되는 행동으로 실천하기 위해 매일매일 투쟁해야 한다."라고 했다.

그는 뜻을 실천하기 위해 볼리비아 혁명에 가담하다 1967년 39세에 볼리비아 정부군에 생포되어 마을 학교에서 사살되었다.

이념은 우리하고 맞지 않아 불편하지만 이념을 떠나서 체 게바라를 존경할 만하다. 체 게바라의 삶에 부정적인 면도 많지만 많은 이들이 여전히 체 게바라를 생각하는 것은 그럴 만한 이유가 있다. 무엇보다 생각을 행동으로 옮긴 사람이다. 보통 사람은 옳지 않은 현실을 잘 알고 있어도 말도 못하고 못 본 체하기가 쉬운데 그는 달랐다. 신념에 충실하여 행동하다 죽었기 때문에 더욱 신화적인 존재가 되고 있다.

우리에게도 체 게베라와 같은 존재가 많이 있다. 누구보다도 이태석 신부가 떠오른다. 의사로서 자신을 온몸으로 던져 사랑을 실천하신 분이다. 또 유관순, 안중근, 윤봉길과 같은 독립투사뿐만 아니라 이한열, 박종철 같은 열사, 희생된 공익제보자들, 민주화 투사 들도 해당된다고 할수 있다. 가깝게는 깨어있는 시민까지도 포함할 수 있다고 본다. 모두 자신의 안위를 바라지 않고 진실이라고 생각한 가치를 위해 싸웠던 이들이기 때문이다.

체 게바라는 현실과 동떨어진 혁명가가 아니라고 생각한다. 의사가 되어 여행 중에 민중의 생활을 보고 바른 삶을 판단했다. 진실되게 살고자 했으며, 진실을 보면 생각에 머물지 않고 결단했다. 또한 달콤한 삶을 누릴 수 있었지만 기득권을 버리며 늘 안주하질 않으려고 했다. 이렇게 부

딪치는 현실을 회피하지 않고 실천으로 결단한 점들이 체 게바라를 완전한 인간으로 평하는데 큰 요소가 되었다고 본다.

체 게바라가 죽은 지 50년이 되고, 그 다음 해 쿠바행 비행기 표를 끊고 아바나에 들어갔다. 혁명광장의 쿠바 내무성 건물에 새겨져 있는 체 게바라를 먼발치에서 바라보았다. 체 게바라는 여전히 살아있다는 생각이 들었다. 왜냐하면 "어떠한 삶을 살았나, 남은 삶을 어떻게 살 것인가?"와 같은 물음이 우리를 늘 따라다니고 있기 때문이다.

아바나(HABANA)시 쿠바구 405호 찾기

"Cuba 405, La Habana"는 쿠바에서 이틀째 되는 날에 머물 숙소의 주소였다. 우리나라로 말하면 '서울의 대한민국 405번지'다. 참 묘하다. 쿠바 주소는 뒤로 갈수록 행정구역이 커지는 줄로 알고 있었다. 이리 저리 보아도 가지고 있는 안내 주소로 찾질 못했다.

올드 아바나에서 앞의 주소를 찾으러 20kg 가방을 들고 돌아다녔다.

한국에서 숙박 예약업체 에어비엔비(Airbnb)에 31,589원을 결재한 숙소인데 못 찾았다. 쿠바 배낭여행 적응하기에 좋은 연습 문제였다. 택시 운전사에가 주소를 보여 주고 함께 찾았는데 끝내 못 찾은 곳이다. 동네를 몇 번이나 왔다 갔다 했는지 모른다.

'쿠바거리 405 라인', 분명 집 문패는 아바나(Habana)인데 도무지 확인할 수 없었다. 현지인들에게 주소를 들이대기도 했고, 복사해 간 구글 주소나 오프라인 지도 어플인 '맵스 미'도 소용없었다. 쿠바에 입성해서 첫날 머문 올드 아바나 숙소를 바꿔 후회했다. 한국에서 예약을 잘못했다. 진득하게 이틀을 한곳에서 머물러야 했는데, 서울에서 호텔 이쪽저쪽 옮기듯 대수롭지 않게 생각했기 때문이다.

다음 날은 비날레스로 떠나야 하기에 근처 센트럴 아바나나 베다도로 옮길까도 했다. 딸이 신속하게 있는 자리 근처에서 새 방을 구했다. 택시를 타고 아바나 다른 지역으로 가는 게 경비가 더 든다는 셈을 해 주었다. 새로 구한 까사는 전날에 비해 공간이나 청결도 면에서 월등했다. 다행히 고민을 길게 하지 않고 끝났다.

내 판단력은 그때부터 실종된 것 같다. 어떤 일을 결정할 때 딸이 하자는 대로 했다. 딸을 데리고 구경시켜주러 왔는데 하루가 지난 다음 날부터 딸에게 끌려다니게 됐다. 딸이 아니면 어떻게 쿠바를 다녔을지 생각만 해도 아찔하다.

돌이켜 보면 첫날 쿠바로 날아와서 구 아바나 숙소로 들어갔을 때부터 갑자기 숨이 턱 막힌 기분이었다. 더러운 길을 지나 낡고 허스름한 건물로 그것도 4층이었다. 짐을 끙끙대며 좁은 계단을 올라갈 때부터 후회했

다. 다 쓰러져가는 건물의 숙소에 올라와서 좁은 침대, 더운 습기와 함께 갑자기 밀려오는 공포로 할 말을 잃게 됐다. 4층 방에서 창문을 통해 베란다로 나와 골목길을 보면서 "아이쿠, 쿠바 이러네. 어떻게 지내지." 하며 암담한 표정으로 걱정스런 말을 했다.

그러나 딸의 말이 또다시 나를 놀라게 했다. "아빠, 쿠바 정말 좋은 것 같아. 이 집도 마음에 들고. 주인 아저씨도 친절하셔." 그 말을 듣는 순간, 이젠 내 시대는 끝났음을 짐작했다. 여행을 해도 내가 한 번이라도 더 했는데 쩔쩔매는 내 꼴이 한심하게 느껴졌다. 다행히 순발력 있게 응답할 수 있었다. 내가 안 좋다고 하면 걷잡을 수 없을 것 같아서였다.

"그래, 쿠바. 대단하다. 제대로 온 것 같다."

말할 때의 어감은 상당히 복잡 미묘했다. '대단하다'의 세기와 길이가 따로 놀았다. 낯게 다가온 쿠바가 대단할 뿐만 아니라 그런 쿠바가 편하게 좋게 다가온 딸이 대단했기 때문이다. 또 첫날인데 어떻게 남은 여행을 해야될지 숨이 턱턱 막히는 내 마음이 대단해서였다. 이러니 내가 대단하다고 말할 때의 억양은 상당히 대단할 수밖에 없었다.

그때 돌아다니면서 찾은 아바나 문 사진이 있다. 집주인한테 에어비엔비에 제대로 올려놓으라고 따질 증거물로 찍어 두었다. 아쉽게도 집 주인을 만나지 못 했지만 사진은 고스란히 남아 있다. 누구에게도 따지지 못할 증거물이 돼버렸다. '아바나 시 쿠바거리 405라인'의 집은 분명히 있을 것이다. 다시 아바나에 가면 꼭 찾고 싶다. 다시 가면 찾을 자신 있는데…….

까사는 에어비앤비로

항공권을 끊은 뒤에 동선에 따른 교통편과 숙소를 정하면 여행 준비의 반은 끝낸 셈이다. 여행할 때마다 느끼는데 준비 기간에 여유가 없다. 한번 여행을 가려면 큰맘부터 먹어야 한다. 구체적으로 준비하는 것들은 틈을 내 챙겨야 한다. 쿠바 여행을 결정한 뒤에도 시간이 넉넉하지 않아 출국 날짜가 다가와서야 숙소를 생각했다. 여행기간이 길면 교통이나 숙소도 덜 고민할 텐데 짧다 보니 숙소는 물론이고 교통편도 미리 정해야 했다. 먼저 여행할 동선과 날짜를 따져 버스 편을 예약했다. 나중에 갔다 와보니 버스 예약은 탁월한 선택이었다.

교통편이 정해졌으니 숙소도 현지에서 정할 필요가 없었다. 늘 해외여행이 짧은 일정이기에 다닐 데가 한정되어 있다. 여행 동선은 론리플래닛 책자에서 추천한 일정을 참고했다. 일과를 마치고 집에 와서 자기 전에 숙소를 알아보았는데 신중을 기하다가 금방 찾던 방이 나가기도 했다. 나중에는 선택의 폭이 좁아져 버스 정거장에서 그리 멀지 않은 숙소가 있으면 선택할 수밖에 없었다.

숙소는 스페인어로 '일반 집'을 뜻하는 '까사'라고 하여 비싼 호텔을 대신할 수 있다. '에어비앤비'에서 찾으면 된다. 민박집이라고 생각하면 된다. 깨끗하고 좋다. 동네에 도착하면 닻을 그린 '까사 빠르띠꿀라' 마크를 쉽게 찾을 수 있다.

개방이 곧 된다고 하지만 아직 불편했다. 아직은 시계마저 천천히 움

49

직이는 곳이다. 그러나 불편한 만큼 느린 쿠바의 멋은 살아있었다. 덜 개방되고 상업화되기 전에 조금이라도 일찍 다녀오는 게 좋다고 생각한다. 다행히 다른 곳은 개방을 안 해도 미국의 숙박 공유업체 에어비엔비(Airbnb:www.airbnb.co.kr)는 잘 운영되고 있다. 쿠바의 숙소를 한국에서 미리 예약하기에 좋다. 적당한 방들을 예약할 수 있었다.

지금까지 여행하면서 비싼 호텔에 머문 적이 없는 걸 생각하면 쿠바의 까사도 나쁘지 않았다. 가서 구할 수도 있다고 들었는데 성수기일 때는 발품을 팔아야 한다. 아바나에만 수백 개가 된다고 하나 미리 구하고 가는 게 좋다. 지역에 내려서 호객하는 주인을 따라갔다가 마음에 안 들어 나오는 일도 번거로울 수 있기 때문이다.

미리 방에 대한 정보를 다 확인한 뒤에 예약을 해도 다른 방이 되어 있는 경우도 있었다. 분명 인터넷에는 침대를 두 개라고 올려놓았는데 실제로 가면 한 개이기도 했다. 환불을 요청하며 나올 수도 없다. 그 정도는 참고 다닐 수밖에 없다. 배의 닻 모양이 여행자 숙소인 까사 표시인데, 이것은 머문다는 뜻만이 아니라 한 가지 더 포함하고 있다는 것을 알게 해 준다. 닻에 걸리듯 여행자가 주인에게 점잖게 낚인다(?)는 뜻도 있다고 생각하면 된다.

분위기가 안 좋게 들어간 집에 가서는 아침을 먹지 않거나 한 끼만 먹는 걸로 분풀이를 했다. 그들에게 아침 식사는 고수익이다. 숙소의 숙박비는 모두 나라에 신고하여 숙소 주인에게 큰 소득은 안 된다고 한다. 아침 식사를 해 주며 얻는 비용이 소득이 된다. 식비는 나라에 신고를 하지

ARRENDADOR DIVISA

않는다고 한다. 밥 한 끼를 해 주고 받는 수익이 커 식사를 예의상 먹고 다녔다. 아침 식사 한 끼에 5쿡 정도 하는데 실제로 밖에 나가서 먹으면 1쿡도 안 되게 해결할 수 있다. 5쿡은 한화로 6,000원 정도이다. 딸과 나는 숙소 분위기에 따라 좋으면 두 끼를 먹고 조금 안 좋으면 한 끼만 시켰다. 나쁘면 아예 안 먹기도 하였다. 물론 웃으면서 예의를 갖췄다. 소확행 대신 소·확·횡이라고 소소하고 확실한 횡포로 생각하며 쿠바 여행에 적응해 나갔다. 나중에 보면 어떤 까사 주인도 악의를 지니지 않았다고 본다. 머물면서 알게 된 까사 주인들은 한 명 한 명 모두가 친절했고 정직하신 분들이었다. 그들이 생각하기에 우리는 부자 나라에서 온 여행자였다. 인색한 게 횡포로 다가갈 수 있었다.

까사 덕분에 여행을 편하고 쉽게 할 수 있었다. 밥 문제도 조금 마음만 쓰면 원하는 메뉴를 다 먹을 수 있다. 하지만 우리는 하나부터 열까지 절약하면서 공정여행을 한다고 생각했기에 불편함을 선택했다. 인색했기보다는 절약 정신으로 경제 관념이 바로 선 여행자의 자세를 지니려고 애썼다고 합리화해 본다. 노동자 월급이 30달러 정도 되는데, 어떻게 하루 이틀에 30달러를 쓸 수 있냐며 아끼며 생활했다. 그들 편에서는 조금 까다로운 손님이 되었겠지만 나중에 보니 그들은 그렇게 생각하지 않았다. 떠날 때 우리를 아끼는 그들을 볼 수 있었다. 우리도 헤어지기 아쉬울 정도로 그리운 곳도 많아졌다. 제대로 언어가 소통되었다면 더 깊은 친교를 나누었을 텐데 아쉬웠다.

닻을 내리며 마음도 낡게 되었나 보다. 기약할 수 없지만 우리는 정겨운 인사로 나중에 보자고 했다. 적당히 정을 나누고 즐거운 마음으로 헤어졌다. 헤어지는 일은 마음 아프다. 적당히 정을 주고 밝게 헤어지는 게 그나마 덜 슬펐다.

혁명 카페에서 모의하다

혁명 카페, 상상할 수 없는 가게 이름이다. 쿠바는 우리의 사고가 얼마나 부자유스러운지를 알게 해준다. 우리에겐 공산주의, 사회주의, 혁명 모두 함부로 말하면 안 되는 금기어다. '혁명 카페'를 보았을 때도 마찬가지였다. 19세기 중반에 언론과 사상의 자유를 설파한 밀의 생각을 실현하기는 힘들다. 아직 단어 하나도 부자유스럽다. 우리들에게 언론과 사상의 자유는 한참 진행 중인 과제다.

카페가 혁명적인가? 아니면 혁명을 하는 카페인가? 적어도 자유롭게 이야기를 나누는 자리 정도는 될 것 같다. 80년대 대학 시절을 보낸 이에게 카페는 요즘처럼 흔하지 않았다. 세미나를 할 장소를 찾기 힘들어 늘 공간을 찾고 주위를 살피며 생활했다. 추억을 떠올리면 카페가 새로우면서 정겹기까지 하다.

과거에는 다방이 유명했다. 아재 개그로 라떼(?)는 말이다. 나 때는 대학가 앞 다방은 여러 명이 앉아서 이야기할 수 있도록 방도 제공했다. 편하게 얘기할 수 있었다. 아주 자유롭지는 못했다. 항상 경계심을 갖고 다방에 들어갔던 적이 생각난다. 별로 비밀스러운 내용도 아니었다. 그 당시 80년 대 중반의 분위기는 모여 얘기하는 일이 편하지 않았다.

1987년 1월 14일 박종철 사건이 일어날 때, 난 대학생이었다. 그 당시의 사회 분위기는 커피 한 잔도 경우에 따라 자유롭게 허락하지 않을 때

도 많았다. 젊음의 혈기와 낭만을 자유롭게 누려야 할 시기를 독재 정권
에 눌려 경직되고 말았다. 87년 6월 10일에 나는 서울 시청과 남산에 있
었다. 역사의 한복판에 있던 셈이다. 그해 뜨거운 역사의 현장을 거쳐 12
월에 군대에 가서 대통령 선거를 치렀다. 그때 대통령 투표로 곤란한 일
(?)을 당하기도 했다. 군대에서 대통령 찍는 사병의 성향에 따라 상담을
했기 때문이다. 괜히 말한 게 탈이었다. 말만 하지 않으면 됐는데 순진하
게 넘어가 곤욕을 치렀다. 순진하기보다 군대의 분위기에 짓눌려 어쩔
수 없었다. 투표도 마음대로 자유롭게 하지 못했던 시대였다. 딸이 생각
하면 얼마나 우습고 이해할 수 없는 시대였는지 알 수 있다. 대학 생활도
마찬가지였다. 그런 시대에 자라난 내게, 이국땅에서 본 혁명 카페는 신
선하지 않을 수 없었다.

조그만 입구에 대여섯 명이 들어가면 꽉 찰 카페였다. 어두컴컴하고 은밀
한 분위기가 좋았다. 어둠은 일을 모의하기에 적당하다. 딸은 어떻게 느
꼈을까? 편하고 좋다고 했다. 분위기가 좋고 체 게바라 사진으로 멋지게
꾸며 놓아 마음에 든다고 한다. 딸과 나는 혁명이란 단어를 카페의 한구
석에서 조심스럽게 나누었다. 혁명을 이룬 나라에서 혁명을 내건 카페
에서 얘기했다. 사랑, 여행, 책, 인생 등에 대해서도 조심조심 나누었다.

나는 딸에게 나직이 얘기했다.
"카페 내부를 멋지게 사진 찍느라 바쁜 딸아, 자유를 누리는 걸 감사하
지 않아도 좋다. '혁명' 카페가 새롭게 다가오지 않아도 좋다. 어차피 시

대의 짐은 그 시대의 어깨에 맡기면 되니까. 현재 네가 감당할 일만도 버겁겠지. 마음껏 쿠바 커피 맛을 느끼고 수준 높은 인테리어를 감상하려무나. 삶에서도 청춘을 마음껏 즐겼으면 좋겠다. 아무리 사회가 힘들더라도 사랑을 멀리하면 안 되는 거 알지? 열심히 사랑하고 자유롭게 여행하고 적당히 책 읽으면서 살면 되겠지. 지내다가 문득 '혁명'이란 카페 상호가 생각나면 그때 생각나는 대로 느끼고 생각하자. 우리나라에서 어떤 상호라도 자유롭게 걸 수 있을 때가 언제일지 모르겠지만."하고. 어쩌다 보니 체 게바라가 딸 일디타에게 한 말과 비슷해져 머쓱해졌다. 혁명 카페에서 모의할 수나 있는 얘기였다.

성공한 인생이란?

우주의 티끌처럼 흔적 없이 사라지는 존재들끼리는 성공의 의미를 정하기 어렵다. 자본주의 사회니 돈, 명예, 권력을 쟁취한 사람을 성공했다고 한다. 하지만 이도 결국 주관적이다. 모든 면에서 성공을 이루기도 힘들다. 또, 비겁하게 성공한 사람들을 하도 많이 봐서 부럽지도 않다. 오히려 실패한 사람보다 성공한 사람들이 측은하게 보이기까지 한다.

저마다 "나처럼 사는 게 성공이다."라고 해도 좋을 만한 세상이고, 성공이 도매급으로 넘어가는 시대다. 틈을 타 "어이 성공한 사람, 딸하고 살사 춤 춰봤어?" 하며 또 다른 성공 잣대를 내밀고 싶다. 이것도 맘에 안차면 한마디 더 할지도 모른다. "쿠바에서, 응?"

딸과는 딱 30년 차이다. 태어나고 자라난 시기의 국민 총소득으로 보면 확연히 다른 나라 사람이다. 생각도 다르다. 19대 대통령 선거에서 나는 통일과 복지를 내건 후보를 지원했지만 딸은 노동과 여성에 관심을 보인 후보를 밀었다. 90년대 생과 386세대의 차이다. 이렇게 다른 아버지와 딸의 여행은 흔한 조합이 아니었다. 우리의 동행을 부부로 생각하지는 않겠지만, 불륜(?)으로 볼 수도 있어 이상적인 여행 그룹은 아니었다.

평소 대화가 전혀 없는 것은 아니었다. 최근 20대 대선에선 긴 토론(?)을 하며 민주주의를 훼손하지 않는 후보로 합의를 보기도 했다. 그러나자식이라고 해도 한 달여 동안 둘이서 얘기할 경우는 흔치 않았다. 바깥에서 둘이 다니다 보니 딸을 조금 더 알게 된 것은 여행의 큰 소득이다. 여행은 그동안 몰랐던 부분도 알게 해 주고 가족이라 편하게 생각한 부분에 대해서도 차분히 이해하는 시간을 주었다. 진정으로 가족을 알고 사랑하려면 자주 여행을 다닐 필요도 있다고 생각했다.

쿠바에 가면 살사가 으뜸이란 말을 들었다. 살사, 살사 하니 살사 춤이나 배웠으면 하는 마음이 자연스레 생겼다. 아바나에서 기회를 엿보다 클럽을 가지 못했다. 바로코아에 가서야 짧은 과정이지만 스텝을 배우게되었다. 여행을 다닌 것만 해도 좋았는데 춤까지 추게 되니 더 좋았다. 성공한 삶의 좋은 근거로 쓸 정도로 뿌듯했다.

살사는 라틴 음악의 대명사다. 스페인어로 '소스'라는 뜻이라고 한다. 화끈하고 율동감이 넘치는 춤이다. 맘보, 차차차, 룸바나 쿠바의 전통 음악 '손(son)'도 있지만 구분하기 힘들다. 전문적으로 알고 싶은 마음도 없다. 그냥 크게 울리는 아프리카 또는 남미 음악이 좋기만 했다. 밤에 커다란 음식점이나 마을 축제 자리에 가면 서로 흥겹게 추는 살사를 보는게 즐거웠다.

하루는 저녁 식사를 하기 위해 레스토랑 앞에서 기다리는데 가족과 함께 온 꼬마 한 명이 춤추는 것을 보고 깜짝 놀랐다. 연예인이라고 해도 되고 댄서 신동이라고 해도 될 정도였다. 남미인지 쿠바인이라서인지 몰라도 춤 유전자가 다른 게 틀림없었다. 지금까지 눈앞에서 가장 부드럽게추는 사람을 본 셈이다. 어린이가 그것도 평범한 놈이었다. 자동적으로 엄지손가락이 올라갔다. 놀라움 자체였다. 스페인어를 할 줄 알면 아이에게 춤 전문적으로 배웠냐고 물어보고 싶었다. '세상에 이런 일이'나 '영재 발견'이란 텔레비전 프로그램에 나올 만한 아이다. 학교도 안 들어갈 나이의 아이 아버지는 방긋 웃으면서 대견스러워한다. 아이 춤에 가볍게 응대해 주듯 자신도 몸을 몇 번 털어줄 때 나는 또 한 번 놀랐다. 춤의 위대함을 보았다. 유전자가 다르다는 말을 확인할 수 있었다.

자유롭게 어디서든지 추고 이를 옆에서 대견스럽게 봐 주는 모습을 보니 또 한 번 열등감에 빠졌다. 뻣뻣하더라도 춤은 느낌이며 리듬에 맡기면 될 텐데 분위기가 달랐다. 주눅 든다. 우리나라 청소년들이 열광적으로 배우는 케이팝(K-pop)의 방송 댄스를 더 장려해야 할 듯하다. 흥이 많은 민족이라 춤도 잘 추고 노래도 좋아하는데 내세우기 머뭇거린다. 아이돌이 추는 춤도 부족하게 느껴진다. 막춤이라도 누구나 편하고 세련되게 추게 할, 댄스 인재 양성이 필요해 보인다.

딸은 여행을 하면서 살사 춤을 배우고 싶어 했다. 몇 군데 알아봤는데 조금 비쌌다. 한 시간에 5쿡이니 6천원 정도하는 댄스 교습소를 갔다. 교습소는 다행히 춤 못 추는 사람들이 많이 와서 편했다. 딸과도 즐겁게 출수 있었다. 그 교습소에서 가장 아름다운 파트너였다. 행복했다.

첫날 제대로 못 배워 이튿날에도 가서 배웠는데 나중에 따지고 보면 그날 배운 살사의 기본 스텝은 10분 정도면 배우는 수준이었다. 딸은 나보고 춤을 못 춘다고 했다. 자신은 잘 추는 줄로 착각하고 있었다. 파트너를 여러 명 바꿔 가면서 추기도 했다. 딸과 같이 춘 쿠바 청년이 딸보고

'프린세스, 프린세스' 하며 따랐다. 딸은 입이 귀에 걸릴 정도로 좋아했다. 여행 중 딸이 가장 생기있어 보였다. 칭찬이 고래를 춤추게 하듯이 딸도 신나게 했다. 칭찬은 춤을, 춤은 솔(soul)을 살려 주었다. 살사라고 하니까 쫄았는데, "우노, 도스, 뜨레스" 하며 즐겁게 배웠다. 이틀 동안 '우노, 도스, 뜨레스' 스페인 숫자 '1, 2, 3'을 제대로 배운 것 같다. 확실히 배운 또 한 단어는 '프랙틱스'였다. 강사가 외친 단어다. 그때는 춤을 잘 못 추고 주눅 들어 '프랙티스'가 무슨 뜻인 줄 몰랐다. 나중에 알고 봤더니 '프랙티스(Practice)'는 '연습하다'란 기초 단어였다. 내가 가장 많이 쓰는 말을 알고 났을 때 반성을 안 할 수가 없었다. 공부하라는 말이 학생들에게 자신감을 주는 말이 아니라 주눅 들게 하는 말이 될 수도 있다는 사실을 알았기 때문이다.

집에 와서 배운 것을 딸과 연습해 보았다. 가장 기본적인 스텝 하나 가지고 이틀 동안 배운 사실에 한참 웃었다. 첫날에 지갑이 든 가방을 춤추는 옆에다 던져 놓고 배워 신경이 쓰였다. 지갑이 든 가방이 잘 있는지 보기도 하고, 생각하는 바람에 춤에 집중할 수가 없었다. 그래서 이튿날 가서도 첫날 배운 스텝을 연습하는 수준에 머물렀다. 예술을 하려면 돈을 포기해야 되는데 너무나도 몰랐다. 쿠바에서 딸과 살사를 춘 경험에 만족했다. 현지인 아가씨나 프랑스 아줌마하고도 쳤지만 역시 '프린세스' 하고는 비교가 안 된다. 그들은 평민들이었다.

춤의 수준은 초보였지만 여행의 추억은 고난도 코스였다. 딸은 여행을 갔다 와서 살사 춤을 배우겠다고 학원을 다녔다. 집에서 한국의 살사 스텝이 쿠바와 다르다고 하며 스텝을 밟았다. 어깨를 흔들고 몸을 돌리는 모습이 웃기기만 했다. 취업 준비생이 살사 춤 배우러 다닌다고 할 때부터 '어- 쭈'하며 웃었는데 볼수록 가관이었다. 그래도 좋기만 했다. 댄스는 취직이란 성공과는 거리가 멀어도 이미 더 큰 삶에서 우리는 성공한 삶을 누렸다고 생각했다. 자긍심은 성공인지 실패인지 따지지 않는다고 했다. 단지 댄스가 좋고, 프린세스가 좋으면 됐다. 성공 안 해도 좋다.

장애인 시사진행자

하루 일정을 마치고 숙소에 들어오면 텔레비전을 보았다. 외국에서 TV 시청은 조금이라도 그 나라 문화를 체험할 수 있는 기회다. 알아듣지 못해도 재미있는 영상이 나오는 화면을 찾았다. 자주 나오는 체 게바라 영상이 흥미로웠다. 채널을 돌리다가 멈칫했다. 한쪽 눈 장애를 가진 시사 프로그램 진행자가 특이했다. 새로운 문화에 편견이 부딪히는 순간이었다. 우리나라도 시각 장애인이 텔레비전에 나오는 일은 가끔가다 있다. 그러나 한쪽 눈 장애를 지닌 채 시사 프로그램을 진행하는 일은 흔하지 않았다.

장애인 진행자가 생각났다. '사랑의 가족'으로 장애인을 소개하고 홍보하기 위한 프로그램이다. 뉴스 진행자도 있다. 그러나 이도 단순한 생활 정보 뉴스다. 쿠바에서 보는 장애인 진행자는 시사 프로그램이다. 시사 진행자라고 크게 다르진 않겠지만 그래도 느낌이 달랐다.

시사 프로그램의 구체적 내용이 무엇을 설명하고 있는지 몰랐다. 설명을 하고 나서 정치적 사건이 흐르고, 그리고 간단한 논평을 하는 식이었다. 정치적 사건에 대한 진행자가 시각 장애인이란 게 특별했다. 못 듣고 못 보고 말하지 못하는 헬렌 켈러가 위대한 사회주의자라는 사실이 낯설게 다가왔던 때처럼 한참을 보았다.

중후한 목소리를 느꼈다. 잽싸게 휴대전화를 들어 텔레비전 화면을 찍었다. 텔레수르(Telesur)라고 라틴아메리카 국가들의 텔레비전 방송이었다. "남미 어느 나라야? 누구지? 도대체 이름이 뭐지?" 등등 물음이 생겼다. 여행은 해결책을 찾는 게 아니라 새로운 물음을 갖는 과정이란 핑계로 자세한 내용은 뒤로 남겨야 했다. 시사적인 내용을 전달하는 모습이 낯설었다. 장애인이 객체가 아니라 주체가 되어 진행하는 장면이 새로웠다.

우리는 신체적 장애의 극복 이야기에는 열을 올려도 그들의 진짜 목소리와 생각은 외면할 때가 많다. 그들의 성공 이야기는 그들의 온전한 삶을 담아내지 못하고 있다. 우리나라에 많은 장애인의 성공 신화는 계속 쓰이고 있으나 기적이라는 사실에 맞추고 있다. 천재적인 예술성을 지녔다거나 장애인 올림픽에서 좋은 성적을 거두었다는 성과지상주의와 영웅 만들기가 깔려있다. 장애인의 생각으로 사회를 바라보고 있지 못한다. 장애인이 세상을 평하고 있진 못한다.

한때, 신호등의 녹색등이 꺼지기 전에 횡단보도를 건너지 못할 때가 있었다. 지하철에서도 엘리베이터를 찾으며 개찰구로 이동했다. 영락없는 장애인이었다. 장애가 평범하게 받아질 때까지 긴 시간이 필요했다. 장애인이 안전하게 이동하기 위해서 많은 노력이 필요하다는 사실도 깨달았다. 끊임없이 온몸으로 장애인 이동권 보장을 위해 애쓰시는 전국장애인 차별철폐연대도 떠 올랐다. 존경스러웠다. 나는 짧은 기간만 힘들었을 뿐인데 그분들은 평생을 힘들게 사시면서 슬픈 현실에 머물지 않고, 슬픔을 기쁨으로 만들고자 애쓰며 살아왔다.

아직 우리나라 현실은 장애인을 위한 시설과 복지를 주장하는 목소리에 머물고 있다. 장애인들이 주도적으로 화면에서 사회를 얘기해야 할 필요성을 장애인 시사진행자가 보여주고 있다. 그렇기에 처지가 허락하는 만큼 장애인들이 당당히 나서서 발언하는 이들이 많아야 한다. 아직은 장애인의 권리를 보장하고 복지를 위해 싸우기도 버겁겠지만 그들이 시사 프로그램 진행을 맡을 날도 머지않아 오리라 생각한다.

장애인들의 삶과 동행하지 않을 때 장애인을 바라보는 시선이 특별할 것이다. 그 시선부터 거두도록 노력해야 한다. 장애인과 함께 연대하는 노력이 부족했기에 장애인 시사진행자가 낯설게 보인 점도 있을 것이란 생각이 들자 낯이 부끄러워졌다. 먼저 다가가지 않으면 장애인 시사 진행자는 늘 낯설어 보일 것이다. 사회가 바뀔 때까지 기다려서 안 되는 이유가 여기에 있다. 장애인이 당당하게 살도록 사각지대에 머물러 있는 장애인의 복지와 인권에 눈을 돌려야 한다. 하루속히 장애인이 자유롭게 생활할 수 있도록 사회 시스템을 바꿔야 한다. 장애인이 차별받지 말고 떳떳하게 살 수 있을 때 그 사회는 비로소 안전하다고 말할 수 있다.

헤밍웨이의 《노인과 바다》

쿠바에서 체 게바라만큼 유명한 인물이 있다. 대문호 헤밍웨이다. 체
게바라가 쿠바 시민권을 얻었다면 헤밍웨이는 스스로 입양한 쿠바인이
라고 했다. 많은 여행객이 쿠바에 가면 꼭 찾게 되는 인물이 헤밍웨이다.

헤밍웨이는 61세에 죽었다. 죽은 해도 1961년이다. 정신 치료를 마치
고 난 뒤 엽총으로 자살했다. 자살한 곳은 미국 아이다호 주 케첨이란 자
신의 집에서다. 쿠바에서는 세 번째 부인 마서와 1940년부터 1945년까
지 그리고 네 번째 부인 메리와 1946년부터 1960년 추방당하기 전까지
살았다. 간혹 훌륭한 문학인이나 위인들 중에 여러 부인과 결혼한 이들
이 많다는 것을 확인하게 된다. 경박하게도 대문호의 사생활에 눈이 간
다. 이혼과 재혼은 고민거리가 아니다. 어차피 이생에서는 두 번째 아내
가 없을 테니 마음껏 망상이나 하려는데, 아내는 남편 바꾸고 싶은 마음
이 더 클 것 같아 이내 생각이 멈춰진다. 헤밍웨이가 살았던 곳은 '전망
좋은 언덕'이라는 뜻을 지닌 아바나 외곽의 '핀카 비히아'다. 아바나에서
15km 떨어진 곳으로 지금은 헤밍웨이 박물관이 있다.

쿠바에 가면 숙제를 하듯 가봐야 할 곳이라면서 필사적으로 갔다. 시간
을 만들었다. 금액도 만만치 않지만 택시로 갔다. 버스를 구하기에는 시
간이 없었다. 과감하게 택시를 택해, 까사 주인과 택시비를 흥정하며 갔
다. 까사 주인은 한 푼도 안 깎아 주었다. 내가 목적지를 꼭 가고 싶은 마

음을 잘 아는 듯했다. 거금을 들여 택시로 도착한 헤밍웨이 박물관은 입구에서부터 관광버스로 북새통을 이루고 있었다. 안도감이 들었다. 힘들게 왔는데 사람들이 없었으면 희소성이 있어 좋겠다고 하겠지만 그때는 대중성이 더 좋았다. 박물관이 조금 마뜩지 않은 딸을 설득할 이유가 됐다. 딸은 아바나에서 클럽을 찾다 이루지 못해 기분이 꺾인 상태였다. 클럽 대신에 군이 문학 박물관에 찾아가서다. 사람들이 많이 찾는데 우리가 안 들르면 좀 그렇지 않냐는 말을 쉽게 할 수 있었다.

　한국인들도 눈에 띄었다. 한국의 ㅊ 여행사에서 단체 여행으로 멕시코의 칸쿤을 들러 아바나에 왔다고 한다. 한국에서 자주는 가는 여행 코스로 익히 들었다. 여행객들을 만나 반가웠다. 딸에게 헤밍웨이 생가 코스로 설득한 대중성이 더욱 돋보였다. 여행사 가이드가 설명하는 곳을 따라 듣기도 하였다. 짧은 시간이었지만 사진만 찍다 돌아다닐 때보다 훨씬 유의미했다. 다니다 보면 안내 책자도 읽지 않고 다닐 때도 있었다. 가끔 간 곳이 기억에 남지도 않았다. 아는 만큼 보인다고 했는데 나는 그냥 보기만 하면서 다닌 셈이다. 변명하자면 그냥 보는 만큼 알아도 좋았다. 급한 대로 일단 사진으로 찍어 두기만 했다. 나중에 관심이 있으면 공부하면 된다는 편한 마음으로 다녔다. 구체적인 정보를 정리한 자료는 인터넷을 참조하면 충분하기도 했다. 가이드는 헤밍웨이의 욕실 옆에 몸무게를 매일 쟀다는 체중계를 알려 주기도 했다. 당뇨를 앓아서 변화를 기록했다고 한다. 흥미 있는 에피소드지만 모르고 다녀도 될 성싶다. 아는 만큼 보인다면 화장실 정도가 새롭게 보였을 것이다.

헤밍웨이는 쿠바에서 소재를 얻은 《노인과 바다》로 1954년에 노벨문학상을 탔다. 노벨상을 탔을 때, 영광을 쿠바인에게 돌린다고 했다. 기념관의 방은 헤밍웨이가 평소 사냥을 좋아했던 것을 알 수 있게 곳곳에 동물 박제의 모습이 눈에 띈다. 낚시를 하며 탔던 요트도 보인다. 문학 작품을 읽지 않았으면 오기 전에 사냥과 낚시를 배웠어야 하는 생각이 먼저 든다. 피델 카스트로도 헤밍웨이의 초대를 받은 게 낚시대회라고 한다.

박물관까지 오게 되니 수십 번이고 고치며 썼다는 《노인과 바다》도 다시금 정성껏 읽게 되었다. 《노인과 바다》의 서두에 아바나나, 쿠바 야구선수 디마지오 이름도 나온다. 산티아고 노인이 팔씨름에서 이긴 흑인 선수 출신지인 시엔푸에고스도 쿠바와 연관 있다. 문학은 생활의 이상도 이하도 아님을 보여 준다.

《노인과 바다》에서 낚시하러 다니는 노인과 광활한 바다가 다가온다.

삶이란 바다에서 실패와 성공의 의미를 두지 않는 낚시에 눈이 가게 된다. 주인공인 산티아고 노인이 자기가 잡은 청새치를 먹은 첫 번째 상어와 사투를 벌인 뒤 하는 말이 있다. "인간은 패하는 존재로 만들어진 게 아니야. 인간은 파괴될 수는 있어도 패하지는 않지."라고 말했다. 세상 때문에 삶이 무너질 수도 있어도 패하는 것은 아니라고 들린다. 죽을 때까지 싸울 거라는 노인의 말이 뒷받침해준다.

《노인과 바다》가 나온 지 70년이 지나도 세상은 더욱 패배를 강요하고 악이 선으로 위장하여 우리를 파괴하고 있다. 우리가 사는 세상에서 패했다고 말하기까지 한다. 우리는 패했다고 강요하는 거짓 논리에 속수무책인 상태다.

그럴수록 선한 이를 짓밟는 것은 세상이며 나쁜 존재들이라는 점을 인식해야 한다. 인간은 원래 신의 형상을 닮은 신적인 존재다. 유일무이한 존재다. 어쩌다 인간이 짓밟히고 파괴될 수 있어도 인간이 갖고자 하는 의지와 뜻은 패할 수 없다고 생각한다.

우리 대부분은 평범한 삶의 바다에서 하루하루 낚시하듯 생활한다. 땀범벅이가 되어 하루를 마감할 정도로 고단하다. 평범한 생활을 누리기도 힘들어서 생존의 경계에서 치열하게 살고 있다. 《노인과 바다》의 산티아고 노인처럼 빈손으로 돌아올 때가 허다하다. 그러나 빈손일망정 삶은 삶 자체로 의미있다고 말하지 않을 수 없다. "인간은 삶을 위해, 평범한 생활을 위해 죽을 때까지 싸우는 것"이라는 산티아고 노인의 말을 기억해야 한다.

돈 계산하다 무너지는 자존감

환전하다 자존심이 땅에 떨어졌다. 동시에 여행 며칠 만에 딸의 환전 능력을 확신한 후, 나는 끌려다니게 됐다. 나의 여행 능력에 대한 평가도 날이 갈수록 떨어졌다. 나이가 드니 일이 마음처럼 안되는 불안함도 닥친다. 머리가 안 돌아가는 자신을 탓하게 된다. 하루하루 지내다 보니 의존한 게 늘어났다. 딸에게 언어 소통을 맡기고, 오프라인 지도 맵스 미(maps-me)를 맡기고, 손가락이 다쳤다고 짐까지 맡겼다. 한심한 일이었다. 거기다가 밥을 먹을 때 현지 화폐가 필요하면 딸을 불러야 했다.

'1쿡(cuc)은 24쿱(cup)이고 0.83유로이며 1,250원. 10쿱(cup)은 451원이고, 1쿱은 45~50원이며 0.25쿡은 6쿱.'이라고 적어 놓고 물건을 살 때 연습을 해도 쿱으로 지불할 때면 헷갈렸다. 자존감이 떨어질 수밖에 없었다. 딸을 잘 키웠다고 자기 긍정의 마음으로 치환하여 자존감을 지키려 했다.

화장실은 1페소에 들어갔고, 토마토 4개도 4페소에 샀다고 적었는데 지금 와서 생각해 보니 헷갈릴 만도 하다. 디네로, 모네다, 나시오날, 페소, 세우쩨 등 그들이 부르는 화폐 단위에 굴복할 수밖에 없다. 화폐를 외국인과 내국인을 다르게 사용하는 것을 탓하게 된다. 1쿡(cuc, 페소 콘베르티블레:세우세)은 1쿱(cup, 모네다 나시오날:세우페)의 24배의 가치가 있다는 것을 알아도 계산할 때는 힘들었다.

쿠바에 도착하자마자 공항에 있는 환전소, 깜비오(CAMBIO)에 가서 지니고 있는 경비 가운데 100달러를 80달러는 쿡으로 20달러는 쿱으로 바꿨다. 깜비오에는 그날의 환율이 표로 게시되어 있다. 자국 내 화폐 종류와 유로, 엔화, 달러 등이 씌어져 있었다. 환전을 하면 얼마를 바꿨다고 환전기로 뽑은 영수증을 준다.

그때 쿠바 내국인 화폐로 모네다, 곧 쿱을 딸에게 모두 줘서 문제가 생겼다고 본다. 쿱을 갖고 다니면서 써 봤어야 하는데 딸에게 의존해서 감각이 떨어졌다. 모네다로 계산하는 밥집도 딸이 찾았다. 자존감이 떨어진 상태였지만 내색하지 않고 맛있게 먹었다. 식성까지 무너질 정도로 자존감이 무너지진 않았다.

화폐가 통일되기 전에 한 번 더 갈 욕심이 생겼다. 자신 있게 "꾸안또 에스?(¿Cuánto es?)"하며 계산할 때 얼마냐고 묻고 싶다. 자존감을 회복할 길을 생각해 본다. 주소 갖고 까사 찾기 문제보다 어렵지만 연습 문제를 몇 개 풀고 나면 충분히 자존감은 회복될 것이다.

딸에 대해 믿음을 갖게 된 것은 큰 수확이다. 딸의 자존감을 확인했다. 딸은 자존감이 높았다. 딸에 비해서 나의 자존감은 낮다. 나도 다른 사람이 긍정적이고 활기차다고 했는데 나이가 들면서 점점 낮아지는 것을 느꼈다. 살면서 내 자존감이 많이 상처받았다는 것을 확인할 수 있었다. 당당하고 겸손하게 살자는 말을 자주 했는데 '겸손하게'에 방점을 두었을지도 모른다. 하루하루 떳떳한 삶을 살겠다고 주문처럼 외워도 순간순간 움츠릴 때가 많아 자존감이 떨어졌는지 모른다.

"아빠는 늙지 않았어. 늙었다고 생각하면 늙은 거야. 아빠가 지금 하고 싶은 것을 하지 못하면 몇 년 뒤에도 이 시기를 그리워할 걸." 등등 주옥 같은 말로 딸은 나의 자존감을 회복시켜(?) 주었다. 현대 사회에서 방어 기제만으로 전락한 자존감을 회복시켜 주었다.

속으로 생각했다. '그래, 훌륭하다. 딸아. 아직 난 늙지 않았다. 조금만 기다려 줘라. 계산은 내가 해 보마.' 다시 수첩을 꺼내 더듬더듬 계산해도 남은 삶의 자존감은 내가 만들어 가리라 다짐했다.

(아, 쿠바가 2021년부터 이중 통화제도를 폐지하고 쿡이 아닌 페소로 만 사용한다고 발표했다. 코로나로 소식이 없었는데 끝내 나의 자존감을 높일 기회를 놓쳐 아쉬울 것 같다. 다른 것으로 나의 자존감을 높이 는 수밖에 없게 됐다.)

비아술(Viazul)은 비어(beer)술이 아니다

비아술은 술 종류가 아니다. 맥주가 아니다. 인터넷으로 비아술(Viazul)을 한참 동안 만지작거렸다. 비아술은 장거리 고속버스다. 내게 있어 쿠바여행의 이동은 비아술 버스에서 시작하고 비아술 버스로 끝난다고 해도 과언이 아니다. 버스 덕분에 무사히 다녔다.

비아술 주소(www.viazul.com)를 입력한 뒤, 스페인어를 영어로 바꿔 사용하면 편하다. 일정에 맞춰 장소, 출발, 도착 시간을 입력한 뒤 카드로 결제를 미리 해야 안심할 수 있다.

한국에서 인터넷으로 비아술 버스를 미리 예매하지 않고 왔으면 큰 낭패를 봤겠고, 경비도 엄청나게 들었을 것이다. 가기 전 쿠바를 다녀온 분이 택시를 타고 숙소를 옮겨 다녔다는 말을 듣기도 했다. 직접 가 보니 택시는 비싸서 배낭여행의 주 교통수단으로 바람직하지 않았다.

버스 예약을 한 게 스트레스를 줄여 주었다. 버스는 중국에서 지원했는지 실내에 한자로 '우통버스' 글자가 새겨져 있었다. 영화도 보여 주고 가다가 휴게소에서 들려 음식도 먹게 해 준다. 여행자를 위한 비아술이라는 버스 시스템을 보면 쿠바에 정이 가고 믿음이 간다. 전폭적인 신뢰를 보내는 사람은 나나 딸 같은 경우다. 간혹 선진국에서 온 이들은 투덜대는 이도 있었다. 배낭정신이 부족한 모습이다. 투덜대려면 택시를 타면 되는데 굳이 버스를 타면서 투덜댄다. 택시를 타게 되면 배낭 정신이 아니라 정신이 없는 여행객으로 오해받을까 봐 두려워하는지도 모른다. 그

런지 대부분은 고마워하며 버스에 오른다.

 '아바나-비날레스-시엔푸에고스-트리니다드-산타 클라라-카마구에이-
바야모-산티아고 데 쿠바-바라코아'에 이르는 쿠바 전국의 구간을 버스
로 무사히 이동했으니 얼마나 감사할 일인가.

 한 지역에서 이동할 때 비아술 버스 정거장을 가는 길은 구간을 이어주
는 고리를 찾으러 가는 듯 했다. 비아술에 가면 그날 버스 일정표가 게시
되어 있지만 바뀌는 경우가 있기도 했다. 그러나 고맙게도 버스는 목적
지에 데려다 주었다. 4시간이나 늦은 날도 있었고, 갑자기 다른 버스를
타라고 한 적도 있었다. 예매를 했는데도 자리가 꽉 차 눈치를 보면서 겨
우 자리를 잡고 가기도 했다. 욕이라도 나오겠지만 결과적으로 보면 탈
없이 이동했다. 여유와 미소를 잃지 않고 다닐 수 있었다.

 운전기사의 자격 조건에 몸무게가 있는 것 같았다. 뚱뚱한 사람이 많았
다. 키도 컸다. 몸집만큼 든든했다. 도로와 기름의 경제성을 따져 속도도
내지 않는다. 안전하게 이동을 해 주니 고마웠다. 장거리 이동은 운전사

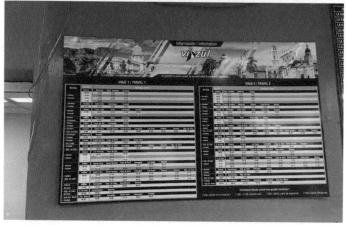

가 둘이서 교대로 운행을 하는데 그 모습도 정겨워 보였다. 즐겁게 운행
해 주는 게 고맙다. 저들의 수고를 생각하면 버스 이용료를 더내야 했다.

  비아술 터미널에서 버스를 기다릴 때나 타고 이동할 때 거의 동양인을
본 적이 없다. 다들 택시나 대절버스를 타고 다니는 줄로 생각했다. 예
매를 하지 못한 사람도 있겠지만 단체로 오면 비아술을 이용하기는 힘
들다.

버스는 쿠바를 여행하는 사람들과 만날 수 있는 공간이었다. 버스를 타고 이동하면서 쿠바에 온 사람들의 풍경을 볼 수 있었다. 영국인 작가, 스페인 연인, 아르헨티나 청소년들 등 잠시 만난 우리들은 모두 눈웃음으로 친구가 되었다. 여행 일정도 비슷해서 가는 동네마다 만나 함께 사진을 찍고 차를 마시기도 했다. 비호감 가는 외국인도 있었는데 공교롭게도 숙소까지 옆 호실이 되기도 했다. 쿠바 여인을 고용한 것으로 보이는 그는 마주칠 때마다 불편했다. 그 사람은 나한테 친근하게 이것저것 물어보며 다가왔다. 딸이 젊어 나도 여인을 고용한 줄 알고 그러는 것 같았다. 볼 때마다 영혼이 없는 미소를 짓는 것도 귀찮았다. 하루 지나 아예 모른 체하니 말을 걸지도 않고 편하게 지낼 수 있었다.

내게 불편한 사람은 만나지 말아야 할 사람이 아니라 여행길에서 스쳐 가는 사람으로 생각하면 되었다. 여행 다니면서 좋은 일도 있고, 좋지 않은 일도 있다. 여행길에서 이런저런 사람 만나기도 한다. 우리가 겪는 사람들이나 감정을 그냥 단순하게 나그네로 생각하는 게 필요했다. 모두 때가 되면 지나가고 돌아가니 내 마음이 부정적인 것에 휘둘리지 말고 집착하지 않으면 된다.

비호감 가는 유럽인은 조금 좋지 않았지만 비아술 버스는 아주 좋은 일이었다. 한국에서 버스를 예매할까 말까 하다 시간에 쫓기며 예매를 했는데 신의 한 수였다. 쿠바 가서 예매하려면 무척 복잡했을 텐데 미리 해서 탈 없이 다녔으니 얼마나 신통한지 모른다. 다니는 내내 잘했다고 스스로를 칭찬하고 다녔다.

가난해도 굶지는 않는다

굶기지 않으려고 빵은 준다. 거지도 빵을 먹을 수 있다. 빵만 먹을 수 없으니까 거지가 되어 돈을 달라는 이도 있다. 결국 쿠바는 굶는 시대에서 도약하지 못하고 있는 셈이다. 아침에 동네를 어슬렁어슬렁 돌아다니다 보면 줄이 길게 늘어서 있는 모습이 보였다. 다름 아닌 배급 받는 줄이었다. 사회주의 국가에서나 볼 수 있는 풍경이었다.

모든 주민이 나라에서 주는 배급품을 동네에서 받는다. 물론 배급 노트를 갖고 다양한 물품을 무상이나 싼 가격에 산다. 배급 물품은 식료품 상점, 정육점 등에서 받는다고 한다.

동네를 거닐다 보면 줄을 서 있는 사람들이 눈에 자주 띄었다. 빵 그림이 있는 가게인 걸 보니 빵을 배급받는다고 생각했다. 하루에 빵 하나씩을 받는 모양이었다. 나라에서 만들어 주기 때문에 기본적인 맛만을 갖췄겠다고 생각하겠지만 아침에 까사에서 먹는 빵이 맛난 걸 보면 괜찮기도 했다. 버스 기사들은 빵을 풍부하게 갖고 다니며 꽤나 아끼기도 한다. 내가 한참 바라봐도 먹으라는 소리를 안 했다.

민영화된 빵집이 있다고도 하는데, 흔하지 않아 가 보기 힘들었다. 식당, 카페 등은 흔해도 고급 빵집은 별로 보이지 않았다. 민영화된 부분은 식당, 숙박, 택시 분야만이라고 하지만 곳곳에서 이루어지는 모양새다. 국내총생산(GDP)의 70퍼센트가 서비스업에 기대고 있어 민영화가 절박하기도 한 것 같다. 대략 국민의 80퍼센트가 나라에 고용되어 있고 20 퍼센트만이 민간 사업체에 소속되어 있다고 한다. 여러 부분에서 민영화가 되고 있지만, 전체적으로는 국영이 큰 비중을 차지하고 있다. 시가 하나를 사거나 옷 하나 살 때도 파는 직원이 공무원이라고 생각하면 된다. 공무원의 얼굴은 밝지 못하다. 카페에서 커피를 시킬 때도 미소가 없었다. 담배를 사도 미소가 없어서 당황하기도 했다. 빈곤 탓일지도 모른다.

나라에서 운영하는 직원의 얼굴에 미소가 없어도 개인이 운영하는 직원 얼굴에는 미소가 있다. 식당이나 개인 카페에 가보면 안다. 경제가 넉넉해야 사람을 웃게 한다. 불평등해도 나은 삶을 택하는 게 현실이다. 사유재산과 시장경제를 도입하기로 한 것을 보면 알 수 있다. 어느 나라든지 경제적 불평등이 일어날 수밖에 없다. 인간의 기본적 욕망이 있기 때문이다.

동네에서 지긋한 주민이 나에게 옷 좀 주고 가라고 하기도 했다. 국가는 자존심을 지켰으나 국민은 체면이 구겨진 상태에서 살고 있다. 여행객과 다니면서 몸을 팔며 돈을 버는 이들도 여럿 보았다. 이상과는 달리 현실은 피폐하다.

미국의 제재가 풀리면 개방과 발전이 급물살을 이루겠지만 현재는 생활이 쪼들려 체제보다 돈을 원한다. 세계에서 유래 없는 무상 의료와 무상 교육 시스템을 시행했으면서도 사람들의 욕망을 채울 수는 없었다. 직업, 연금, 심지어 과거 집까지 모든 것을 나라에서 해결해 주었으나 어려움에 봉착했다. 거대한 미국과 대결해 이긴 자존심으로 다시 한번 부

러움을 받았으면 좋겠다는 생각을 했다. 쿠바가 지속가능한 사회주의를 위해 힘을 다한다고 하나 기다려 볼 일이다.

쿠바를 조금 부러워하는 사람도 있다. 경제적으로 아등바등 살다 고귀한 정신을 잃는 사람들이 해당된다. 현재 쿠바 국민은 정신보다 경제가 시급한데 역설적이다. 쿠바에서 무엇과도 바꿀 수 없고 자랑할 만한 제도를 눈여겨보게 된다. 나라 전 지역에 풍부한 의료를 펼칠 수 있는 의료시스템이다. 모든 학교는 공립이고 무상이다. 치료를 못 받아서 억울하지 않고 공부 때문에 죽지 않는 사실만으로 쿠바의 환상을 버릴 수 없게 된다.

집도 거의 제공된다고 한다. 한 해 아파트 한 채 값이 3억, 5억, 10억씩 오르는 한국 이야기는 상상할 수 없다. 쿠바에선 아파트 한 채 갖고 있다고 모든 것을 해결할 수 없다. 한국에서는 평생 일해도 아파트 한 채 사기도 힘든 현실이 되어 간다. 제정신으로 살기 힘든 사회에서 바르게 살라는 소리는 공염불에 가깝다. 쿠바의 주거 제도를 부러워하게 된다. 집이

돈벌이가 아니라 사는 곳이란 온전한 개념을 찾을 수 있다.

　국가가 모든 것을 책임질 수는 없으나 쿠바는 시도해서 평등을 택했다. 우리나라의 경제적 불평등 지수가 심각하기 때문에 쿠바의 평등 개념이 부럽기도 하다. 그러나 자유국가의 빈곤층이 독재자 국가의 부보다 크다면 자유국가의 불평등을 택할 수 있고 그것은 정의로 인정될 수 있다. 국민이 가난하면 평등이 답이 될 수 없는 현실이 존재한다. 경제가 무너져 회복이 불가능한지 시름은 깊어 간다.

　나는 그동안의 저력으로 쿠바가 일어났으면 한다. 미국의 경제 봉쇄에 갖은 노력으로 버텨온 지혜와 힘으로 다시 도약하는 장면을 보고 싶다. 쿠바가 제대로 빈곤을 관리한다면 자유국에서 일어나는 부의 양극화를 극복하는 대안이 될 수 있다. 빈곤을 없애고 제도를 개선해 나가야 된다. 쿠바 국민이 좌와 우로 나누어지지 않았고, 낙천적으로 일할 의욕이 크기에 재건의 조건은 좋다고 본다. 쿠바만의 시스템으로 다시 일어서길 응원한다.

클럽은 부에나 비스타 소셜클럽

클럽하면 젊은이 거리 홍대 주변이 손에 꼽힌다. 딸은 대학 생활 내
내 그 거리를 다녔다. 대학 근처가 시끄러운 음악 소리로 쿵쿵거릴 때
가 많았다고 한다. 그러나 그 대학 다니면서 클럽에 한 번 못 가 봤단다.
내가 대학 다닐 때 종로의 디스코텍을 수시로 찾으러 다녔던 것과는 상
이하다. 낭만이 넘치는 시대라고 누구에게나 낭만을 누리는 것은 아닌
가 보다.

딸은 쿠바에 와서 클럽에 가보고 싶어했다. 대학 다닐 때 그렇게 많은
클럽에 한 번 안가고 이 짧은 기간에 가려는 이유가 있다. 쿠바에 오면
클럽에 가고자 하는 이들이 많기 때문이다. 딸도 오기 전에 쿠바에서 체
험하고 싶은 항목 중 하나가 클럽이었다고 한다. 다른 사람들처럼 클럽
에 가서 시가도 피고 럼주를 마시며 살사도 추려는 이유는 아니었다. 단
순히 말로만 듣던 것을 경험삼아 한 번 가려 했다. 그러나 끝내 못 갔다.
클럽을 찾을 시간도 부족했고 조금 꺼리기도 했다. 밤 문화와 거리가 멀
었나 보다. 그래도 다음 장소로 이동하기 전날 멋진 클럽 쇼를 보았다.
부에나 비스타 소셜 클럽이다. 늦은 밤에 가서 보았으니 적당히 밤문화
도 즐긴 셈이다.

시가, 체 게바라, 헤밍웨이, 살사 등 쿠바를 생각한 것 중 하나는 부에나
비스타 소셜 클럽이었다. "부에나, 부에나" 하면서 노래를 부른 적이 있

다. 명성은 익히 들었기에 부에나 비스타 소셜 클럽이라고 공연하는 데
를 가려고 마음먹었다. 클럽보다 우선 순위였다.

쿠바행 비행기를 끊은 뒤 한참을 쿠바 춤과 노래를 동영상으로 틀어 놓
고 볼 때는 어깨가 들썩일 정도였다. 함께 노래 부르고 춤추고 있었다.
쿠바에서 역사상 가장 존경 받는 호세 마르티가 작사한 '관타나메라'는
한국에서도 인기 있는 노래였다. "관타나메라~, 관타나메라 ~." 쿠바의
음악을 듣다 보면 빠져들 수 밖에 없다. 쿠바음악은 내게 전 남미가 애
창하는 민요 '관타나메라'와 더불어 부에나 비스타 소셜 클럽 이상도 이
하도 아니었다.

'환영받는 사교클럽'이란 뜻의 부에나 비스타 소셜 클럽 (Buena Vista
Social Club)은 노래를 잘 부르는 할아버지 밴드로 이미 전 세계적으로
유명했다.

구두를 닦다가 혹은 담배 공장에서 일하다가 나이 들어 1996년에 결
성되었다. 6일 만에 제작한 음반이 600만 장이나 팔린 것 자체가 충격
적이다. 노인들이 모여서 음악을 하는 게 멋있다. 삶과 영혼이 담긴 노래
들을 불렀다. 노래 가사의 뜻이 정겹고 음악이 신난다. 저절로 흥겨워 흥
얼거리게 된다. 노인이 되어 즐기면서 음악을 하는 자체가 부러웠다. 장
수 국가 쿠바의 힘을 보여준다고 생각된다. 100세 이상 인구가 많은 쿠
바다운 밴드였다.

부에나 비스타 소셜클럽의 멤버는 거의 죽었다. 오마라 푸르투온도만
이 원년 멤버 5명 중 유일하게 살아 있다고 한다. 오마라 푸르투온도도

고령이라 거의 공연을 하지 않는다. 이미 길거리나 식당에서 재즈 음악과 더불어 다양한 밴드의 공연을 본 뒤라 부에나 비스타 소셜 클럽의 공연이라고 찾아갔을 때는 클럽 분위기가 반감된 게 사실이다. 그래도 우리가 찾아 간 곳은 아바나의 '호텔 클럽'이었다. 매일 밤 9시 30분에 쇼와 디너가 시작되는데 입장료도 상당히 비쌌다. 칵테일 세 잔만 나오는 것이 30쿡이고 식사가 함께 나오는 것이 50쿡이었다. 우리는 또 기본을 택했다. 어디서나 기본만 택하는 것 같다. 여행을 시작한 지 며칠 되지 않은 데다가, 5쿡이면 실컷 먹는 밥을 그렇게 비싸게 먹는 것이 용납되지 않았다. 우리는 올림픽 정신으로 무장되어 있었다. 참가하는 데 의의를 두었다.

클럽에서 나이든 흑인 여자가 노래를 부르는데 나는 오마라 푸르투온도를 빙의해서 들었다. 단상의 화면에는 부에나 비스타 소셜 클럽의 영상이 계속 나오는데 노래 부르는 사람이 오마라 푸르투온도라 해도 실제 인물인지 아닌지 구분할 눈을 가지지 못했다. 원래 사교클럽의 그룹이며 쇼인지라 부에나 비스타 소셜 클럽의 음악은 상업적인 구성으로 구색을 맞추려고 애썼다. 각 나라의 국기를 띄우며 손님들을 무대로 올려 세운다든지, 음식을 나르는 여 종업원들이 춤을 추는 것 등등이 큰 감흥을 주지 못했다. 조금은 씁쓸했다. 클럽이 아니라 카바레 수준이었다. 원래 생각과 달리 분위기 있는 데서 술을 마시며 쇼를 보는 수준이었다. 세계 국가 중 한국을 소개할 때 싸이의 강남스타일 노래가 나와 한국 여행객이 나가 말춤을 추기도 했다. 나라별로 노래가 나오면 그 나라 여행객이 나

가서 춤을 추었기 때문에, 이때 아무도 안 나가면 나라도 나갈 각오를 하고 있었는데 다행이었다. 말춤이 생각보다 어려워 내가 나갔다면 한국의 위상을 깎아내릴 뻔했다. 나는 왜 어디서든지 내가 자리를 빛내줘야 할 의무감을 지닌 것처럼 행동하는지 성격 검사를 해야 할 것 같다. 딸은 끝끝내 나가지 않을 태세였다. 한국인 여행객이 있다는 게 반갑기도 했다. 무대에 불려 나간 한국인 여행객은 배낭여행객 같은데 앞자리에 앉은 걸 보니 기본(?)을 넘어 식사까지 포함한 티켓을 끊어 제대로 경험하는 것 같았다. 그래도 우리는 보이는 식사가 별로라고 하면서 식사 티켓을 안 끊어서 다행이라고 소곤거렸다.

'부에나 비스타 소셜 클럽'의 솔(soul)은 길거리보다 그리 깊지 않았다. 길거리 공연으로 솔은 고양되어 있었고, 무료였다. 이미 경험한 음식점의 공연도 그렇게 비싸지 않았다. 부에나 비스타 소셜클럽의 공연 중 기

억 남는 거라면 시중을 드는 이들이었다. 백인으로 구성된 젊은 미녀들이었다. 쿠바 인종의 상당수가 백인이라는데 길거리에서 본 사람들은 흑인이나 흑백혼혈이 많았다. 국민의 64%가 백인이라는데 그렇게 보질 못했다. 인종 구성 통계에 의아심이 들었다. 쿠바의 백인은 상류층으로 다른 나라에 사는 듯했다. 그런데 음식을 나르고 서빙을 하는 직원들이 백인들이어서 인상적이었다. 흑인의 클럽이 노래하고 백인은 시중을 드는 모양새였다. 부에나 비스타 소셜 클럽이 평등을 노래하지는 않는데 이상한 데서 감성이 작동했다. 클럽에서 인종 편견과 차별에 대해서 생각을 하고 있었다. 피부색으로 인종 차별을 하지 않는 나라에서 거기다 음악에 맞춰 리듬을 탈 클럽에서 흑백을 생각하고 있었다. 쿠바의 진정한 솔을 느끼고, 감성을 키우려면 머리를 조금 비워야 할 것 같다. 생각이 너무 많아 제대로 몸을 털지 못했다.

혁명관에 걸린 바보들의 코너

아바나에 있는 혁명박물관의 바보들 코너에는
"바리스타는 혁명을 성공하게 해 준 바보,
레이건은 혁명을 강하게 해준 바보,
부시는 혁명을 더욱 튼튼하게 해준 바보,
부시의 아들, 부시는 사회주의를 완전히 자리잡게 해준 바보"라며
그들에게 고마워한다는 풍자 만화가 있다.

나중에 우리나라에 민주, 통일 박물관이 생긴다면 벽에 쓸 바보들은
누구일까? 통일을 방해한 이들, 평화를 더디게 한 이들, 민주주의를 외
면한 이들?

거창하지 않다. 김수영의 시 〈하…… 그림자가 없다〉에는 우리가 경계
해야 할 사람들을 눈에 두드러지게 보이는 이들만으로 한정하고 있지 않
다. 선량하지만 가면을 쓴 이들까지도 얘기하고 있다. 우리들 곁에 있는
사람들을 평범하지만 해악을 끼치는 이들로 보고 있다는 데서 시인의 통
찰을 느낀다. 사람을 이분법적으로 나눌 수도 없고, 변할 수도 있어 말랑
말랑한 사고를 지녀야겠지만 혜안은 필요하다고 본다.

살다 보니 생활 속에서 권력과 명예 때문에 점점 타락해지는 사람을 보
게 된다. 이들도 '바보'에서 벗어나지 않을 것 같다. 한 끗 차이다. 처음에
는 털끝만큼의 차이지만 시간이 지나면 하늘과 땅의 차이가 생긴다고 했

다. 작은 각도가 나중에는 크게 벌어지게 된다. 작은 탐심, 세상에서 주는 기득권을 취하다 보면 그림자조차 짙게 보일 게 틀림없다. 가끔가다 이 세상을 떠나고 나서 어떻게 기억될지 생각한다. 적어도 박물관에 걸릴 바보는 되지 않을테니 다행이다.

2부

현실을 이긴
낭만

버팀목으로 태어나는 예술

집들이
나무를 지지대 삼아
버틸 때까지 버틴다

불안할 수도 있겠지만
각목 몇 개로 살고 있다

버티다 안 되면 고치더라도
무너지기 전까지는 버틴다

몇백 년이 지난 집들처럼
살수록 낡아가는 몸을
삶이란 버팀목으로
살아내야 한다

견디는 데서 예술이 태어난다
나이들수록 존엄해진다

오, 랍스타! 환상의 별이여

음식 이름에 별이 들어가 있다. 오오, 랍스타, 난 랍스터를 지금까지 랍스타로 불렀다. 이름도 화려한 랑고스타다. 이 랍스터가 7,000원뿐이 안한다니. 쿠바로 가기 전 딸과 여행 일정을 즐겁게 얘기하면서 랍스터를 꿈꿨다. 한국에서는 먹어보지도 못한 랍스터를 쿠바에서 원 없이 먹자고 작정을 했다. 딸에게 원 없이 랍스터를 먹여 준 아빠라는 소리를 듣고 싶었다.

나는 랍스터니 킹크랩이니 대게니 잘 먹어 보질 않아 구분하기도 헷갈린다. 킹크랩이 대게고 랍스터가 바닷가재인데 자꾸 혼용하여 표기해서 그렇다. 좋아하는 편도 아니다. 심지어 대하나 대게도 먹을 때서야 그런가 하고 먹었다. 따라다니며 먹었지, 내가 주도하면서 먹으러 가지 않았다. 예전에 해산물 가게에서 킹크랩이 키로그램 당 9만원 하는데 한 마리가 3키로그램이라고 27만원을 불렀다. 나는 잘라서 1키로그램만 달라고 했는데 그렇게는 안 판다고 해서 투덜댄 적도 있었다. 그 뒤로 킹크랩을 시도해 보지도 못하고 인연을 끊었다. 하물며 바닷가재를 어떻게 알까? 텔레비전에서 쿠바로 여행을 간 연예인이 랍스터 요리를 싸게 먹어 화제가 되었는지 딸도 나도 랍스터에 대한 환상을 갖게 되었다.

랍스터 생각을 하고 있었는데 아바나에서 놓치고 며칠 지나서 트리니다드에서 먹게 되었다. 실망스럽게도 7,000원에 하는 랍스터 요리는 없

었다. 우리는 랍스터 하나만 시켜 놓고 맥주 한 병을 먹었다. 밥도 제대로 못 먹고 저녁을 떼우고 나왔다. 나는 또 인색한 아빠가 되었다. 우리가 생각한 것보다 비싸서 그런지 부담이 되었다. 까사에서 원한다면 랍스터를 해 준다는데 마찬가지로 랍스터는 2만원이 넘었다. 그때 이후로 우리는 전형적으로 짠 생선에 불과하다며 당분간 랍스터 노래를 부르지 않았다.

랍스터에 대한 생각이 떠오른 것은 귀국하기 하루 전이었다. 환전 한 쿠바 돈도 남았고 떠나기 전에 맛있는 음식을 한 번 더 먹고 싶었다. 사람들에게 물어 봐서 현지인이 찾는 레스토랑에 들어갔다.

현지인들이 있기는 하지만 "왜 이리 고급이지."하는 생각이 들었다.

적어도 중산층 이상의 사람들이 오는 곳이라 생각되었다. 서빙을 하는 웨이터가 밝은 미소로 빵도 주고 생수도 주었다. "그라시아스, 그라시아스." 하며 잘 먹었다. 감사 인사는 곧 분노로 바뀌었다. 물 한잔까지 모든 게 계산될 줄 몰랐다. 다른 곳에서는 그냥 나왔는데 여기는 그렇지 않았다. 우리는 서로 바가지 썼다고 하면서 속상해했다. 그러나 욕할 만큼 비싸지는 않았다. 떠나기 전날 남은 현금을 써야했기에 환경도 감당할 만했다. 랍스터도 각자 시켰다. 1인분만 시키지 않아도 됐다. 다른 음식을 잘 몰라 안전하게 랍스터로 갔다. 실망하지 않을 정도로 많은 양이었고 맛있게 먹었다. 위스키 술도 귀국 전 만찬으로 흡족했다. 위스키도 두 잔을 시켰다. 거리낌이 없었다. 돈을 마음껏 쓰는 소비의 쾌감을 누렸다. 드디어 좋은 아버지로 등극했다. 그런데 소심하게 먹다 남은 랍스터를 싸달라고 했다. 과감히 남기고 버렸어야 했다. 그래야 돈 쓰는 맛을 누렸다고 할 수 있다. 나의 한계다. 그래도 싸 가져가 집에서 아침 식사를 할 때 먹으니 좋았다.

랍스터 먹을 만했다. 먹다 남겨 다음날 아침까지 먹었으니 그 정도면 배불리 먹은 셈이었다. 쿠바에서 랍스터를 원 없이 먹고 왔다고 자신 있게 말할 수 있어 뿌듯했다. 기분도 좋아 그날 먹은 랍스터에 만족도를 매긴다면 별 다섯을 줄 정도였다. 랍스터를 랍스타로 부를 만했다.

와이파이(wi-fi) 좀비족

한참 전에 '수그리족'이란 신조어가 떴다. 하루 4시간 이상 휴대폰을 보고 있는 사람들을 말한다. 컴퓨터 중독에서 휴대폰 중독으로 이동했다. 우리나라는 액정 때문에 망할 지경이다. 휴대폰으로 경제는 발전했는데 국민들 건강을 해치고 있다. 와이파이 좀비족은 내가 만든 특수어다. 쿠바에서 와이파이를 찾으러 다니는 여행자 모습이 좀비 같았다.

와이파이(wi fi-wireless fidelity: 무선 데이터 전송 시스템)를 먹는다는 표현이 맞다. 와이파이를 구하기 위해 좀비족처럼 플라자에 모이게 된다. 또 하나의 독특한 풍경이다. 쿠바에서 인터넷이 잘 안 된다고 들어서 이미 각오를 했었다. 의외로 와이파이가 터지는 곳이 많았다. 불편하지 않았다. 공원을 찾아 가서 휴대전화를 보는 정도의 불편은 불편에 속하지 않았다. 와이파이가 터지는 곳을 찾으러 다녔다. 산책하는 정도다. 적응할 만했다.

여행자들은 와이파이 비용을 시간 당 2쿡 정도 되는 카드를 사서 사용했다. 현지인들은 아주 싸게 사용하는 걸로 들었다. 와이파이를 하기 위해서는 국영 통신회사인 에텍사(ETECSA) 지점을 찾아야 한다. 사람 많이 모여 있는 곳을 눈여겨 보면 된다. 외국인 여행자들이 많기 때문에 마지막 사람을 뜻하는 '울띠모'를 외치지 않아도 된다. 지점에서 직원이 파는 와이파이 카드를 사서 동전으로 긁으면 비밀번호가 나온다. 그 뒤 와이파이 구역에 가면 전화기에 아이디와 비번을 입력하는 게 표시

된다. 아이디는 카드 위에 있는 번호다. 이를 전화기에 입력하고 나서 접속하면 된다.

나는 와이파이 카드를 그리 쓰지 않았다. 가끔 살아 있다는 차원에서 페이스북에 드문드문 사진을 올리는 것 이외에 필요 없었다. 그마저 며칠 뒤에는 올리지도 않았다. 나에 비해 인터넷 세대인 딸은 공원을 많이 찾았다. 인터넷으로 대화 나누길 좋아할 나이였다. 내 카드는 오래 쓰고도 남는 경우가 많았다. 점점 세상과 단절되어가는 나이라 생각했다. 그리고 고독과 단절을 받아들이는 게 쿠바에서 나은 걸 알았다. 여행을 오기 전에는 비장한 각오로 내 신변을 정리하고 오기도 했다. 보험, 계좌번호를 책상 위에 올려 놓고 비행기에 올랐다. 점점 삶도 물건도 정리할 필요성을 느낀다. 여행할 때라도 버리는 연습을 하면서 삶을 다시 시작한다는 각오도 필요했다.

어쩌면 혼자 다녔으면 더 철저히 고립되고 단절된 상태를 즐겼을지도 모르겠다. 와이파이와 단절하고 혼자 생활하면 좀비족에서 독립되는 길을 갈 수 있었을 것이다. 과거에 홀로 미얀마를 여행할 때도 연락을 하지 않고 다녀 더 많은 것을 생각하고 경험했다. 와이파이로 먼 친구와 대화하기보다 숙소에 있거나 공원에 있는 현지인들과 더 많이 만나고 놀았다. 그러니 와이파이를 찾는 모습은 현실을 떠나 여행을 즐기는 게 아니라 여행 와서 현실로 다시 돌아가려고 하는 꼴이었다. 여행의 순수한 시간을 뺏기는 셈이다.

둘 이상 다닌 여행 중에는 늘 좋은 상태로만 다니지 못했다. 아들하고 둘이 간 네팔 히말라야 여행이나, 아내하고 간 유럽 여행처럼 잘 다니다가 사소한 일로 충돌하기도 했다. 평소 친하게 지내면서도 대화를 제대로 하지 못해서 그런지 소통 방법에 문제가 생겼다. 여행은 성격의 민낯을 보여 준다. 모두 인내력이 약하고 배려심이 부족한 자신의 성격이 그대로 드러난다. 자신을 소중히 여기는 만큼 상대방을 돌보지 못했다. 그래서 여행은 부족한 인격이 성숙되어야 할 필요성을 깨닫는 시간이기도 했다. 가까운 사람이 편하다고 귀한 줄 몰랐던 사실을 알게 해 줬다.

여행하다가 어느 날 잠깐 딸하고 떨어진 적이 있었다. 어쩌다 사소한 말다툼을 했다. 잘 지내다가 딸은 뭐가 기분이 나쁜지 어느 목적지를 말해 놓고 거기서 보자고 했다. 그 말에 나도 갑자기 기분이 나빠져 좋다고 했다. 배낭여행 중에 헤어진 연인들이 생각났다. 그로 인해 갑자기 나는 황망하게 돌아다니게 되었다. 그전까지는 이동 경로를 딸에게 맡기고 다녀 편했는데 스스로 찾아다니려니 갑자기 긴장을 하게 되었다. 촉각이 곤두서고 만나기로 한 장소를 찾고자 애를 썼다. 딸의 소중함을 알게 됐다. 혼자 가려니 힘들었다. 혼자 가다 보니 중간 중간 새로운 풍경이 들어오기도 했지만 목적지를 놓칠 수도 있고, 시간에 쫓겨 들르지 못했다.

전화를 걸고 싶어 와이파이를 찾게 되었다. 없으면 없는 대로 다닐 텐데 짧은 사이에 편리함에 이미 익숙해진 내 모습을 보고 놀랐다. 와이파이가 없어 물어 물어서 목적지에 갈 수 있었다. 짧은 거리인데도 힘들었다. 어렵게 찾아갔지만 만나서는 아주 편한 마음으로, 아무 일도 없었다는 듯이 우리는 목적지에서 놀았다. 고치지도 못할 성격을 가지고 상대방에게 말하면 가족이라도 사이만 벌어질 게 뻔하다. 가끔가다 그냥 지나가는 게 상책이었다. 여행 중 무척 불편한 일이었지만 여느 여행처럼 서로를 이해하기 위한 웃음거리로 넘겼다.

소중함을 깨닫기 위해서라도 잠시 헤어지는 일은 나쁘지 않을 것 같다. 그리고 절실하게 다가온 게 와이파이였다. 잠깐 떨어졌을 때도 연락할 방법이 문제였다. 헤어질까 봐 걱정되기도 했다. 그러니 와이파이로 하나 같이 고개를 숙이고 인터넷을 연결하는 모습은 진풍경이 아니라 자연스러운 일상사로 받아들이게 되었다.

쿠바에서 이런 풍경도 없어지고 있다. 62년 만에 공산당 정권을 물려받은 미겔 디아스카넬 대통령이 엔지니어 출신이기에 3G 인터넷을 보급하였다. 쿠바 정부가 곧 기업, 가정을 광대역 인터넷망으로 연결한다고 한다. 그동안 경제적으로 힘들어서 와이파이를 자유롭게 하지 못하는 부분이 컸다. 또 한편으로 인터넷을 통제하기 위해 좋았을지도 모른다.

앞으로 쿠바의 독재 체제를 유지하기 위해 막았던 인터넷이 자유로우면 민주주의에 대한 열망도 커져 더 고민이 될 것이다. 더불어 플라자 좀비족은 쿠바의 또 하나의 그리운 풍경이 될 게 틀림없다.

나이스, 사운즈 굿(Nice, Sounds good)

여행자가 시내버스 타고 다니기 힘든 곳이 쿠바다. 시내버스는 비아술 버스와 다르다. 국영 버스인 비아술 버스는 관광명소나 도시 간을 이동하는 데 좋고 시내버스는 말 그대로 시내에서 타는 버스다. 버스는 좋은 버스도 있지만 트럭을 개조한 버스도 상당히 많다. 상태가 안 좋을뿐더러 승객도 많아 타기도 힘들다. 지금 다시 타라면 또 헤맬 게 뻔하다. 배낭여행을 한다고 대중교통을 이용하려 했다. 트럭 버스를 타고 다니기도 했다. '산티아고 데 쿠바'는 관광 명소보다 트럭버스가 더 기억에 남는다. 숙소에서 관광지 모로 요새를 버스를 타고 갔다 왔다고 하니 까사 주인이 대단하다고 해서 그럴지도 모른다.

쿠바 여행도 여느 여행과 마찬가지로 특별한 목적이 없으니 적당히 다녀도 되는 거라며 위로하면서 일정을 편하게 다녔다. 편하게(?) 다닐 수밖에 없었다. 목적지를 정하면 거기에 대한 역사적 내용을 살필 여유는 없었다. 가는 방법을 살피면 다행이었다. 산티아고 데 쿠바에서는 오전에 7.26기념관, 혁명광장, 야구장을 들른 뒤 오후에 모로 요새를 갔다. 가려는 곳에 어떻게든지 가는 것이 중요했다. 그게 역사 공부에 선행했다. 그날도 시내에서 모로 요새까지 15키로미터가 된다니까 모로요새를 오후 볼거리로 적당하다고 생각하고 거기에 맞춰 일정을 짜며 돌아다니는 데 의의를 두었다.

  산티아고 데 쿠바에서 갈 만한 순위에 든 게 모로 요새였다. 많은 사람들이 간다. 가서 본 모로 요새는 그렇게 감흥이 다가오지 않았다. '벼랑'이라는 모로의 뜻처럼 벼랑에 요새를 지어 놓은 형세뿐이었다. 그 당시 여행 다니기 힘들었나 보다. 감흥이 안 올 때는 여행에 익숙해지고 지칠 때였다. 종교적으로 보면 범사에 감사하는 마음이 떨어지는 경우다.

  모로 요새는 1600년대에 지어졌고 유네스코 문화유산이었다. 도시의 항구를 지키는 요새의 의미를 찾고 다니기에는 역부족이었다. 대포가 있고 미로처럼 되어 있는 게 인상적이었다. 노예 감옥으로 쓰였다고도 한다. 바다를 보면서 아이티를 알려주기도 하고 자마이카를 갈 수 있다는, 가이드의 설명을 옆에서 엿들었다. 가끔 여행지마다 가이드를 동행하고 있는 경우를 보았는데, 외국인이 가이드를 동행하며 지나갔을 때였다.

그때서야 푸른 바다와 광활한 풍경이 눈에 다가왔다.

특히 그날 모로 요새 일정에는 같이 버스를 함께 탔던, 아르헨티나 여학생들과 포르투갈 여행자가 떠오른다. 여학생들은 카마구에이에서 산티아고 데 쿠바까지 가는 비아술 버스에서 하도 소란하게 놀아서 알게 된 아르헨티나 아이들이다. 그날 모로 요새에서도 보게 됐다. 모로 요새를 보고 숙소로 돌아가야 하는데 교통편이 마땅하지 않아서 이리저리 알아보고 있던 중이었다. 반갑게 인사를 나누었다. "올라!" 인사는 기본이다. 우리가 시내에서 버스로 왔다니까 부러워하기도 했다. 아르헨티나 아이들은 대절한 택시가 기다린다고 부지런히 내려갔다. 우리는 돈을 조금 내고 끼어 타려고 했는데 말할 틈을 안 주었다. 인사만 하고 내려가 암담했다. 인사는 편히 했지만 돌아가는 길을 잘 몰라 초조함이 엄습해 왔다. 괜히 버스 타고 왔다고 자랑만 한 셈이다. 꿩 대신 닭이라고 버스를 타면서 함께 올라온 여행자가 눈에 띄어 발길을 그쪽으로 향했다. 스페인어를 못해 쿠바 현지인들에게 말을 걸기는 힘들었다. 도저히 언제 버스가 오는 건지 알 수 없었다. 그래서 여행 중에 만난 외국인에게 영어로 물어보곤 했다. 여행자도 시내로 가려고 교통편을 알아보는 중이었다. 함께 있는 것만으로도 한결 안심이 되었다.

여행자는 포르투갈 사업가로 나와 비슷한 또래였다. 나랑은 간단한 얘기를 하고, 길게 얘기하는 것은 딸에게 맡겼다. 그나마 딸이 호주 워킹홀리데이를 갔다 와서 영어로 소통이 되었다. 내가 어디서 왔냐고 물어보았더니 포르투갈이라고 해서 "나이스 컨트리(Nice country)."라고 답해 주었다. 그냥 가볍게 '나이스(Nice)' 하든지 '사운즈 굿(Sounds good)' 하면 대화가 되었다. 내 수준이 그 정도였다. 내게 '사운즈 굿'은 그래도 고급 회화에 속하는 단어였다. 나의 영어 실력은 짧은 영어, 곧 세 단어 이하로 핵심을 얘기하는 수준이다. 우리나라 논설문을 쓰기에 적합한 수준이다.

포르투갈 여행자에게 직업이 무엇이냐고 했더니 '십 세일러'라고 하는데 몇 번이나 물어보았다. 내가 알고 있는 직업에 그런 종류는 없었기 때문이다. 한국 발음으로 욕하는 걸로 들렸다. 거기다가 크루즈라는 말도 들었으나 해석이 따라가지 못했다. 과거 어느 외국인이 자기 직업이 뱅커라고 했을 때 나는 그 당시 영어 단어 공부를 '33,000 어휘'로 하고 있어서 뱅크를 둑으로 받아들였다. 뱅크(bank) 곧, 은행이란 쉬운 단어도 어렵게 외우고 있던 시절이었다. '시티 뱅크'라고 하니 '도시 제방업자' 정도로 생각했었다. 딸이 옆에서 '십 세일러'를 배 판매업자라고 해서 그제야 "나이스." 하고 응대했다. 포르투갈 여행자도 그제야 편하게 얘기하는 것 같아 기분이 좋아졌다. 버스 정거장을 찾아 내려가는 동안 이런저런 얘기를 나눌 수 있었다. 나는 물어보고 포르투갈 여행자는 대답했다. 나는 '나이스'나 '사운즈 굿'으로 답하며 이어갔다. 내가 말하는 것이 '오 나이스'나 '잇 사운즈 굿'이니 그리 힘들지 않았다. 가끔 '왓츠유어잡(What`s your job)'처럼 쉬운 질문을 생각하여 던지면 되었다. 짧은 거리인데 길게 느껴졌다. 얘기를 하지 않았으면 했다. 딸은 얘기를 안 하다가 끼어들더니 그렇게 응대하지 말라고 했다. 무슨 일인가 했더니, 나와 포르투갈 여행자랑 하는 얘기를 들으면서 가끔 대화가 끊어지는 걸 못

참고 딸은 내게 말하기 시작했다.

　직업을 잃었는데 뭐가 나이스하냐고 했다. 잉, 뭐라고. 딸이 들은 얘기로는 그 사람은 크루즈 배를 판매하는 사람인데 지금은 직업을 잃은 상태라 잠시 여행을 하고 있다고 했다. 그때 내가 "나이스."라고 했다고 한다. 배 판매한다고 해서 "나이스."라고 했는데 중간에 말이 빨라 직업 잃은 내용을 내가 못알아 들었던 것이다. 배 판매 직업도 힘들게 알았는데 산 넘어 산이었다.

　모로 요새 아래쪽에서 내려오다가 수영하는 사람들 보면서 그에게 수

영 잘하냐고 물어 봤을 때 자신의 귀가 안 좋아 다이빙하는 게 힘들다고 했을 때도 "나이스."라고 했다고 한다. 쿠바 담배 좀 펴보았냐고 물어보았을 때는 그 사람이 아침에 펴보았다는 말로 알고 '사운즈 굿'이라고 했는데 적절하지 않았다고 한다. 잠깐 맛만 보았는데 이유는 폐가 안 좋고 건강 때문에 쿠바 시가를 안 좋아한다는 말을 했다는 것이다. 나는 다이빙한다고 해서 '나이스'하고 담배를 펴 보았다는 말을 듣고 '나이스'했는데 그게 다가 아니었다. 지금까지 적당히 얘기하면 됐는데 포르투갈 사람은 말이 많은 것 같았다. 딸은 가끔 말이 끊어지는 게 내 잘못된 대응 때문이라고 알려주었다. 딸은 혀를 찼지만 나는 웃음이 났다. 내가 무슨 말을 했을 때 포르투갈 사람이 "와이낫(why not)."이라고 했을 때도 문제였다고 한다. 나는 의문사 와이(why)가 있어서 비코즈(because)를 써서 답했는데 거기서 '와이낫(why not)'은 '틀림없다'는 '슈얼리(surely)'의 의미로 쓰인다고 한다.

나중에 나는 그 사람한테는 그래도 된다고 했다. 버스 타려고 기다리다 생긴 일 때문이었다. 목이 말라 1리터짜리 생수를 사서 가지고 있었다. 먹으려다 예의상 먼저 한 모금하라고 했는데 그 여행자는 불쑥 입을 대고 먹었다. 우리로서는 이해가 안 된 행동이었다. 보통 생수병을 입에서 떼어 물을 흘려 먹어야 했다. 우리가 먼저 먹고 줄 걸 후회가 막심했다. 날은 덥고 목은 말랐지만, 딸은 그 사람이 입대고 먹은 생수를 더럽다고 안 먹었다. 나도 속으로 욕하면서 맨 처음에는 안 먹었다. 하도 목이 말라 친한 척도 할 겸 생수를 먹었다. 그 사람은 내가 생수를 먹든 얘기를 하든 신경을 하나도 안 썼다. 나도 겉으로는 웃으면서 생수를 먹었지만, 아주 조금만 먹고 손 씻는 척하며 버렸다. 먼저 먹으라고 한 일을 후회했다. 딸은 점점 그 사람을 무시하는 나의 태도에 대해 동의하게 됐다.

포르투갈 여행자는 스페인어를 잘했다. 쿠바 현지인에게 물어봐서 우리가 센트럴로 가는 트럭 버스 시간을 알아 왔다. 덕분에 제때 타 늦지 않게 숙소로 돌아올 수 있었다. 내가 준 물값을 제대로 한 셈이었다. 버스가 좁고 사람이 많았지만 종점에서 타 우리는 자리에 앉아서 올 수 있었다. 도중에 포르투갈 여행자는 앉은 자리에서 일어나면서 우리들에게 매너를 알려주려고 했다. 현지인들이 올라타면 자리를 비켜주라고 눈짓을 했다. 생수 사건 앙금이 남아 이미 그 사람을 무시하기 시작한지라 모른 체하고 뻔뻔하게 계속해서 앉아서 왔다. 딸도 일어서지 않았다. 그 사람은 선 채로 왔다. 기분이 좋았다. 한참을 오다가 각자 갈 정거장에서 내렸다. 물론 헤어질 때는 "해브 어 나이스 트래블(Have a nice travel)."이라며 서로 친근한 인사를 나눴다. 영혼을 담지 않은 인사였다.

목적지 센트럴에 내릴 때는 이미 해는 졌고 어둑해서 저녁을 해결하기에 급급했다. 숙소에 들어와서 까사 주인이 어디 갔다 왔냐고 했을 때 모로 요새를 갔다 왔다고 했다. 버스 타고 갔다 왔다고 하니 우리를 다르게 보는 것 같다. "나이스."라고 한다. 반가운 단어였다. 사실 중간 이야기를 좀 더 해 주고 싶지만 실력이 짧아 미소로 답했다. 까사 주인도 내 정도 수준의 실력이라고 생각되었다.

모로 요새를 갔다 와서 기분이 좋긴 좋은데 모로 요새를 봐서 좋은 게

아니라 버스를 타고 갔다 와서 기분이 좋았다. 생각해 보니 오전도 그렇고 오후도 그렇고 하루 종일 버스를 타고 다니면서 이동했다. 고단했지만 여행다운 여행이었다. 역시 자유 여행의 맛은 대중교통을 이용하는데 있다. 만원 버스라 사람들에게 밀려, 부러진 채 다녔던 손가락의 안전 때문에 가끔 식겁했지만 잘 지나갔다. 생수를 조금 못 먹고 버려 아깝기도 했다. 하지만 버스를 실컷 타 즐겁고 보람 있는 날이었다. 앉아서 버스를 타고 다녀서인지 피곤도 덜했다. 되돌아보면 포르투갈 여행자가 물값은 충분히 했는데 우리가 조금 옹졸했던 느낌이 들기도 했다. 하루를 보면 '나이스(nice)'했고 '사운즈 굿(sounds good)'했다.

코코넛에는 육과가 있다

야자 나무의 열매인 코코넛에 육과가 있는 줄 몰랐다. 코코넛 육과가 맛있는 줄은 더 몰랐다. 코코넛 과즙은 동남아를 여행할 때 먹어 봤다. 쿠바에선 코코넛 과즙을 먹고 난 게 끝이 아니었다. 칼로 과일 안쪽의 흰 부분인 속과를 잘라서 먹었다. 그 맛이 일품이라서 새로웠다. 사람의 경험은 한계가 있다. 자기가 경험한 게 전부인 줄 안다. 생각도 그렇다. 늘 열린 자세가 필요한 이유다. 쿠바 농민이 칼로 깎아 준 코코넛 과일 하나에도 새로운 세계가 열렸다.

비날레스 트레킹을 할 때 농막이 있어 잠깐 쉬면서 먹게 된 코코넛으로 인연을 맺게 됐다. 처음에는 그냥 앉아만 있다 가려고 했다. 그때였다. 농막에 앉으려고 할 때 주인인 듯한 쿠바 농민이 불쑥 나왔다. 미소와 중후한 목소리, 안정감 있는 어조의 영어는 매력이 넘쳤다. 불과 몇 마디에 그 자리에 주저앉고 말았다. 사람을 대할 때 안정감 있는, 목소리와 자세가 중요한 것을 깨달았다.

농민은 차분하고도 점잖게 접근했다. 그냥 앉아 있어도 된다면서 편하게 얘기했다. 얘기에 점점 끌려들었다. 분명 상술이 아니었다. 상술이 아니라고 믿고 싶다. 코코넛을 사 먹으라고 하지도 않았다. 앉아 있어도 되고 사 먹어도 된다고 했는데 사 먹게 되었다. 상술이라고 해도 후회 없었다. 내가 선택한 일이고 만족했다.

친한 뒤 권하는 종교 가입 상술(?)이 아닌데, 짧은 대화 속에 급격히 친해졌다. 코코넛을 잘라 준 농장 주인이 고마워 한참 대화를 했다. 영어를 구사하는 말들이 품위 있고 감미롭게까지 들렸다. 한 농민에게서 중후한 인격을 느꼈다. 함부로 사람을 대하며 다니지 않았지만 인간에 대한 예의를 더 절실히 느꼈다.

어딜 가더라도 내가 만난 쿠바 현지인들은 친절하게 대해 주었다. 내가 돈을 잘 쓸 거라고 생각해서 그렇지 않았다. 인간적으로 친화력이 있는 나의 품성이 더 컸을 것이라고도 생각하지 않는다. 쿠바인들은 자연스럽게 흥에 겨워 술을 사주기도 하고 편하게 음식을 주었다. "올라, 올라" 하며 인사를 하며 반갑게 맞아 주었다. 천성이 명랑해 보이고 선했다.

쿠바 농민의 그을린 피부에서 드러난 미소처럼 코코넛 열매는 맛있었다. 그의 순박한 아들도 청년답게 씩씩했다. 예의바른 청년이었다. 친절한 쿠바인들을 또 보게 돼 기분이 좋아졌다.

'쿠바는 가난을 선택했다. 그 가난은 자존심이다. 우리의 인격을 돈으로 상대하지 마라. 비록 돈이 없어 힘들지만 인격은 살아있다.'는 울림이 들리는 듯했다. 돈이면 다 된다는 사회에서 살다가 온 이들이 느껴봤으면 하는 목소리다. 내 짧은 영어 실력으로도 충분히 알아들을 수 있는 단어를 써서 그런지 더 친근했다. 기분이 좋아져 코코넛을 하나 더 시켰다. 두번째 먹을 때는 맛이 떨어졌지만 후회하지 않았다. 내게 금전은 인격을 구성하는 한 요소에 불과하다. 쓸 때 쓸 줄도 안다.

저녁밥이 있는 삶

박주영 판사는 《어떤 양형 이유》에서 "삶이 있는 저녁"을 이야기했다. 산재사고로 귀가하지 못한 한국 노동자의 저녁을 안타까워하며 말했다. 현재 노동자 현실을 생각하면 백번 천번 공감한다. 쿠바 여행을 생각하면 '삶이 있는 저녁'도, '저녁이 있는 삶'도 아니다. 천박하게도 저녁밥이 있는 삶을 원하게 된다.

쿠바에서 저녁 식사를 하려다 열 받을 때가 많았다. 밥집을 찾는 데 힘들고 간신히 찾으면 줄 서는 게 힘들었다. 저녁을 6시 정도로 생각한 게 탈이었다. 밥 먹으러 가면 번번이 고생이었다. 밥집을 가면 줄 서서 기다려야 했다. 줄이 길어서 문제다. 쿠바에는 식당이 왜 이리 없냐며 불평을 안 할 수가 없다. 닭고기나 돼지고기가 나오는 밥집은 일찌감치 포기해야 한다. 그 줄을 기다리는 데 한 시간은 보통이었다. 피자나 파스타를 먹으려고 간신히 들어가도 재료가 떨어졌다고 해서 못 먹을 때도 있었다.

적당한 곳 한 군데를 찾았으면 이곳저곳 다니지 말고 마음 편히 기다려야 한다. 한 시간 넘게 기다리는 것이 지겨워 다른 곳으로 가면 더 기다리게 된다. 기다리다 발길을 돌릴 때도 많았다. 기다리는 줄이 너무 지치게 했다. 우리 입맛에 시키는 것도 쉽지 않다. 눈치껏 시켜야 하는데 한두 개 시켜서 입맛에 맞으면 횡재를 한 기분이다. 밥을 보게 되면 "오, 밥이여!"하며 저절로 감사의 기도를 하게 된다.

그렇다고 저녁 식사를 오후 4시부터 찾으러 다닐 수는 없는 노릇이었다. 점심시간도 돌아다니다 보면 오후 한 시 두 시가 금방 넘어 대중이 없었다. 저녁을 든든하게 먹었는데 배꼽시계마저 점점 바뀌게 된다. 금방 또 배고파지는 느낌이다. 한국에서 멀리했던 콜라도 매끼 거침없이 먹게 된다. 생수를 시켜 먹으려다 쿠바의 피자나 파스타하고 먹을 음료가 콜라로 귀결된다. 피자와 콜라가 저녁 식사의 주식이 될 줄 몰랐다. 아침은 까사에서 푸짐히 주는 빵과 우유, 과일이 있어 그런대로 먹을 만했다. 점심때부터 닭고기와 밥을 찾다 놓치면 피자와 콜라를 먹어야 했다. 며칠 지내다 보니 "밥 밥 밥!" 하면서 한 끼라도 제대로 먹으려고 했다. 제대로 된 배낭여행을 하려면 현지인의 식단으로 하는 게 기본인데, 부끄럽게도 한국인 입맛에 길든 밥을 찾으러 다녔다. 네팔에 여행할 때 네팔인이 늘 전통식인 달밧만 먹길래 "달밧, 달밧"하며 놀린 게 생각났다. 나중에 '더 파워 오프 달밧(The power of Dal Bhat)'이란 레터링 옷을 보며 반성했다. 우리도 밥심이라고 하지 않나? 내가 "밥, 밥, 밥" 하며 다닌다고 딸이 못마땅해 했다. 딸도 나중에 반성하게 될 게 틀림없다. 나이 들면 밥을 찾을 수밖에 없다. 밥을 안 먹고는 밥을 먹은 것 같지 않은 걸 깨닫게 될 터이다.

지인들은 내가 쿠바 갔다 와서 살이 빠졌다고 한다. 저녁 식사 탓이다. 식사를 제대로 못 해 동네 가게에서 빵하고 콜라로 떼운 횟수가 많았다. 왜 쿠바 현지인들은 집에서 안 먹고 밖에서 피자하고 콜라로 저녁을 하는지 모르겠다.

어떤 정치인은 저녁이 있는 삶을 외치지만 내겐 저녁이 있는 삶은 미뤄져도 좋다. 가족과 함께 편안함을 즐기지 않아도 좋다. 우선 저녁밥이나 있으면 좋겠다. 저녁밥을 편히 먹으면 좋은 삶이다. 밥 먹고 쉴 수 있는 게 최고다. 삶은 잘 먹고 잘 움직이고 잘 자면 된다. 잘 먹지 못해 문제다. 저녁밥이 있는 삶이 좋은 삶이다.

카스트로의 눈동자

해봤자 안될 거야
오히려 더 안 좋아져
위험한 생각이야
겁주며 두렵게 만들고
복종하게 만들려는 탱크에
용기로 대응하는 눈을 본다

망설이는 두려움에
용기 있는 행동을!

머뭇거리고 있는
사람들을 보는
그의 눈은 살아있는 듯하다

신화로 만들지 말라고 하였으나 신화가 된 인물이다. 체 게바라를 우상화한 피델 카스트로는 체 게바라처럼 신화적 인물이 되었다. 짧고 굵게 산 체 게바라와 다르다. 험난한 현실 속에 굵고 길게 사는 법을 보였다. 1926년에 태어나 2016에 죽어 90살을 산 혁명가다. 삶 자체가 혁명적이다.

그는 법학과를 졸업한 변호사로 21세부터 사회변혁 운동과 게릴라에 참여하였다. 또한 33세에 총리가 되어 49년간 집권하였다. 미국의 엄청난 암살 시도에도 살아난 피델 카스트로는 독재자라는 평도 있지만 쿠바의 혁명 영웅임에 틀림없다.

쿠바의 사회주의는 카스트로의 삶으로 말할 수 있다. 쿠바의 자존심이 되었다. 삶에서도 나라에서도 자존심의 가치는 생명과 연결된다. 카스트로의 삶을 어떻게 설명하고 어떻게 계승할지 쿠바의 사회주의는 이미 떠난 카스트로와 함께 가고 있다.

세스페데스, 호세마르티, 체 게바라, 그리고 피델 카스트로는 쿠바의 내로라하는 영웅들에 속한다. 국민들이 좋아하는 순위를 매기자면 앞서거니 뒤서거니 할 수 있을 것 같다.

피델 카스트로는 산티아고 데 쿠바에 있는 몬카다 병영을 습격하였으나 실패로 돌아간 뒤 감옥에 들어갔는데 거기서 한 변론은 명언으로 남아 있다. "나에게 유죄를 선고하라, 그것은 중요하지 않다."라고 하면서 "역사가 나를 무죄로 하리라."라고 한 변론은 많은 생각을 하게 한다.

눈앞에 있는 이익을 취하려 역사를 생각하지 않는 사람들이 많기 때문이다. 우리들의 삶을 역사가 바라보고 있다는 생각을 지니기 힘든 시대에 살고 있어서 더 그렇다. 피델 카스트로가 확신에 차서 지낸 삶이 옳고 그르고를 따지는 일은 힘들지만 역사의식을 지니며 살아야 한다는 것에는 고개를 끄덕이게 된다.

도덕적으로 우월하다고 말하는 이들, 사람들은 원래 탐욕적이라며 매사 적당히 넘어가려는 하는 이들 모두에게 역사 앞에 솔직하게 서는 마음은 필요하다고 본다. 역사가 삶을 단죄한다는 의식을 지닌다면 허투루 살지 못할 것이라는 생각을 하게 된다.

  사람들의 생각이 달라서 피델 카스트로의 변론을 얘기해도 곧이곧대로 받아들이기 힘든 시대다. '역사'도 어떻게 바라보느냐에 따라 달라진다. 역사 교육이 중요한 이유다. 만약 상대방이 편하게 받아들일 수 있도록 배려하여 역사의식을 빼고서 얘기한다면 "삶에서 타인의 시선은 중요하지 않다. 나의 삶은 삶 자체로 정당하다"라 할 수 있겠다. 그러나 피델 카스트로의 말을 조금 비틀어도, 혹은 그대로 둬도 결국엔 '역사'를 기억하라는 피델 카스트로의 눈동자와 시선은 피할 수 없을 것 같다. 개인의 정당한 삶도 이웃의 역사가 있을 때 가능하기 때문이다.

액티비티 택시

택시를 탈 때 놀랄 수 있다. 여행의 스포츠 액티비티를 다른 데서 찾을 필요가 없다. 가격에 놀라고 정비기술에 또 한 번 놀란다. 위험을 감수한 모험이 될 수 있다. 과장하면 가벼운 액티비티 수준이다.

시간과 거리를 따져 봤을 때 저렴하다 생각되면 과감히 택시를 이용했다. 그리 많지 않아 한 달여 동안 손에 꼽을 정도다. 트리니다드에서 잉헤니오스 계곡을, 바야모에서 보타닉 가든을 갈 때, 그리고 산타 클라라에서 레메디오스를 갈 때 택시를 이용했다. 가끔 있었다. 저렴하게 다닌 편이다. 그래도 택시기사 입장에서는 고소득이었다. 몇 번 택시 탄 게 새록새록 기억에 남으니 제대로 경험을 한 셈이다. 편하게 자주 탔으면 기억에 남지도 않을 것이다. 택시를 탈 때 발생한 일들이 놀라웠다. 아주 위험하지는 않으면서도 추천할 만한 액티비티로 여행 보너스를 받은 기분이다. 쿠바에 가서 올드 카를 타보는 것을 권하기도 하던데 실용적이면서도 진정한 올드 카를 만나는 방법이 따로 있었다.

트리니다드에서 잉헤니오스 계곡을 갈 때는 꽤 먼 거리인데 8쿡만 들어 놀랐다. 현지인이라면 놀랄 가격이지만 관광객 처지에서 그 정도는 괜찮았다. 택시도 내국인과 관광객으로 구분되어 있는 형편에서 어떤 차라도 가격이 적당하면 훌륭하다고 판단했다. 돌아올 때 마을버스를 타고 와서 더 기억에 남는다. 내심 기대했던 기차도 끊겨졌었다. 마을 청년이 택시 값으로 호객 행위를 하는 탓에 몸과 마음이 지쳐갈 때 극적으로 마을 버스를 보았다. 부랴부랴 버스를 잡고 1쿡에 시내로 돌아갈 수 있어 기적 같았다. 무조건 탔는데 운 좋게도 시내 방향이었다. 당시 마을에 머물렀으면 엄청나게 고생을 했을 상황이었다. 1쿡도 현지인 교통비로는 비싼 버스 요금인데 택시를 타고 온 것에 비해 상당히 쌌다. 올 때 지불한 택시비 8쿡은 어림도 없는 상황이었다. 동네 청년들은 차가 있는지 진작부터 우리를 대상으로 택시비를 흥정하고 있었다. 버스비가 비싸고 고물이라도 탄 게 행운이었다. 어려운 처지에 몰리는 경우가 있었는데 그때마다 기적같이 풀리곤 했다. 하나님이 계신 게 틀림없다.

바야모에서 외곽에 있는 보타닉 가든(식물원)을 갈 때도 택시를 탔는데 서비스에 놀랐다. 식물원이 먼 곳에 있는데 왕복이 15쿡으로 저렴했다. 더욱이 우리가 식물원을 다 돌고 올 때까지 택시 기사가 기다리고 있었다. 돌아오는 내내 돈을 더 받을까 봐 조마조마했다. 우리는 가기 전에 총금액이라고 몇 번을 확인했다. 단어 '토탈(total)'을 수차례 외쳤다. 우리 생각에는 정말 싼 가격이었다. 물론 이 가격도 그들에게는 횡재인 게 틀림없다. 서로 좋았다.

또 한 번은 산타 클라라에서 레메디오스로 얼떨결에 가게 된 경우다. 진정한 액티비티를 경험했다. 비아술에 가서 버스 시간을 알아보고 있었다. 옆에서 칠레 여행객 자매가 함께 타고 요금을 분담하자고 해서 가게 됐다. 나는 원래 카이바리엔을 가고 싶었다. 레메디오스를 먼저 간 뒤 카

이바리엔을 가자는 속셈으로 함께 타기에 응했다. 동선이 같고 레메디오스에 가서 얘기할 생각이었다.

웬걸, 한 시간 거리로 편하게 갈 줄 알았는데 가는 동안 자주 시동이 꺼졌다. 이상한 소리가 나고 불안 불안해 도중에 사고 없이 귀가만 하기를 바라게 됐다. 가는 도중 몇 번이나 내려 차를 고쳤다. 올드 카는 50년이 되어 멋있기라도 했다. 우리가 탄 차는 고물택시여서 말이 아니었다. 올드카보다 더 올드했다. 폐차를 하고도 남았다.

택시 운전을 하는 것보다 정비 솜씨가 돋보였다. 카이바리엔을 가고 싶은 생각은 일찌감치 사라졌다. 힘들게 간 레메디오스에 가서는 왜 왔나 후회하기도 했다. 여행 책자에서 추천한 장소를 믿고 급하게 결정한 게 잘못이었다. 볼거리가 별로 없었다. 칠레 자매가 미워졌다. 레메디오스는 칠레 자매랑 택시 탄 기억만 남는다.

내가 가려는 카이바리엔도 택시 기사의 말로는 별로 볼 게 없다고 했다. 그럴 것 같았다. 그나마 그가 여기랑 똑같다고 말하지 않은 게 다행이었다. 그때부터 여행 책자의 표현에 속지 않기로 했다. 웬만한 여행 책자를 보니 써 놓은 데는 다 가볼 만하다고 되어 있었다. 안 가도 된다가 아니었다. 따지고 보면 가볼 만하지 않은 곳이 없으니 그 표현을 원망할 수도 없게 만들었다. 까사 주인에게 가볼 곳을 추천받아 가는 곳이 차라리 나았다. 다행히 칠레 자매와 왕복을 분담해 25쿡으로 갔다 와서 위안이 됐다. 밑져도 같이 밑졌다.

낭만은 현실을 앞선다

분뇨통이 떨어지지 않고
오래 가길 바라는 낭만

달나라에 토끼가 사는지
달나라에서 확인할 수 있어

손을 내미는 낭만 앞에
현실은 낭만을 상품화한다

평화를 원하지 않는 현실 앞에
낭만은 일어나 현실 앞으로 간다

21세기에 가장 오래된 차들이
기름 없이 자연스럽게 다닌다

평범한 영화배우

해외여행을 하면 사람부터 길거리까지 전부가 새롭다. 하늘에서 쏟아지는 햇살까지 새롭다. 일상이 풍경이 되고, 평범한 인물이 영화배우가 되는 게 여행이다. 여행을 하고 나면 아끼는 사진 몇 장이 남는다. 많이 찍었어도 제대로 몇 장 건졌으면 그 여행은 성공이다. 기억에 남는 인생 샷은 아니더라도 여행 샷은 언제나 황홀하다.

낯설고 신선한 분위기가 여행을 좋아하게끔 한다. 사람에겐 여행 유전자가 있는 게 틀림없다. 그 유전자가 느끼는 감정과 사고가 충분해지면 그때 여행을 안 가도 좋으리라 생각한다. 한 사람에게 허락되는 여행의 총량이 있다면 채워질 때까지 여전히 꿈틀거리고 있는 호기심이 좋기만 하다.

까사를 나왔다. 골목길을 카메라에 담고 있었다. 컨디션이 좋은 날이었다. 안 좋으면 골목에서 카메라를 꺼내지 않는다. 골목길 벽에 앉아 있는 아저씨를 보았다. 오른손으로 찰칵하는 표정을 지었다. 계면쩍어하며 웃는다. 좋다는 뜻이다. 편하게 찍었다. 아쉽다. 급하게 찍었기 때문이다. 사진 찍는 기본도 모르고 돌아다닌 탓이다. 배경의 수직과 수평, 인물의 발끝, 빛의 노출도 전혀 고려하지 않고 눌렀다.

돌아와서 사진을 보니 배경으로 자전거 앞바퀴가 잘렸다. 조금 멀리서 찍었으면 좋은 구도였을 텐데 아쉬웠다. 그래도 다행이었다. 피사체

인 인물이 웃고 있어서다. 미소가 마음에 들었다. 미소 하나로 충분했다. 쿠바 여행에서 아끼는 사진이 되었다. 여행 샷(shot) 중 소중하게 간직하는 한 페이지가 되었다.

동네 골목에서 편히 만난 아저씨인데, 내 또래인 듯해 더 친근했다. 사진을 자세히 보았다. 수건을 배달하는 중인지 자전거에 수건이 많아 보인다. 옷도 깔끔하다. 원색의 옷 색깔 또한 마음에 든다. 신발도 그렇다. 이 정도 호감이면 더 대화하며 놀 수 있을 것 같은데 아쉽게 사진만 찍고 헤어졌었다. 아저씨의 미소만 기억에 남는다. 그렇게 깨끗하지 않은 골목길이었는데 사진으로 보니 그런 대로 좋다. 전깃줄도 하나만 걸려 있다. 체 게바라 얼굴이 그려져 있어서 사진기를 들었을지도 모른다. 체 게바라 얼굴은 본능적으로 사진기를 찾게 한다. 벽에는 'Hasta la victoria siempre'라고 쓰여진 구절도 보인다. '영원한 승리의 그 날까지'라는 뜻이다. 'Hasta siempre'는 까를로스 푸에블라(Carlos Puebla)가 쿠바 혁명을 마치고 볼리비아 혁명을 위해 떠나는 체 게바라에게 바친 노래에 나온다. 단어 뜻을 찾다가 네이버의 한 블로그 (njoon21)에서 베네수엘라의 가수 솔레다드 브라보(Soledad Bravo)가 이 가사로 부른 노래를 들을 수 있었는데, 가사와 처연한 목소리를 통해 그 나라 국민들이 체 게바라를 얼마나 존경하는지 알 수 있었다.

아저씨나 나에게 승리의 의미는 다르게 다가오겠지만 멋진 말이다. 사진 속의 벽에 써 있는 CDR(Comite de Defensa de Devolucion)은 혁명방어위원회의 약자다. 쿠바 혁명을 방어하기 위해 만든 조직이다. 동네마다 관변으로 조직된 풀뿌리 주민 위원회인데 주민들 생활 곳곳에 연결되어 있다. 배경으로 깨끗하게 페인트칠한 문이 사진 색깔을 화려하게 장식하고 있다. 쿠바의 색깔은 어디를 찍어도 쿠바답게 꾸며주었다. 쿠바에서 만난 주민은 멋진 모델이 되었다. 모든 골목길은 화려한 세트장이 되고, 평범한 삶이 영화배우처럼 멋진 인물이 되었다.

허리가 아파 걷기 힘들어 휴직할 때가 있었다. 10분 거리를 한 시간에 겨우 걸어 갈 정도로 몸 상태가 안 좋았다. 집 주변을 자주 산책했다. 아픔이 새로운 눈을 주었는지, 늘 딛고 있던 동네가 새롭게 다가왔다. 하루하루가 선물임을 깨달았다. 천천히 걸을 때 길에 있는 나무와 신호등, 모든 게 아름다웠다. 지금 살고 있는 곳도 소중히 바라보게 되었다. 찍으면 배우가 되는 일은 외국에 가서야 깨닫는 모습이 아니었다. 내 자신도 멋진 사람이 되어 있었다. 아픔 뒤에 갖게 된 눈으로 보니 세상은 늘 새로웠다. 평범한 내 삶도 영화배우로 다시 태어났다. 마음을 새롭게 먹으니 삶은 나에게 멋진 배우가 될 기회를 주었다.

학생을 맞이하는 선생

선생(先生)을 한자로 직역하면 '먼저 태어난 사람' 또는 '먼저 온 사람'이다. 의미를 확대하면 '아이들 앞에 먼저 나타난 사람'이나 '먼저 기다리는 사람'으로 말할 수 있다.

교사는 보통 수업종이 울린 뒤에야 아이들이 기다리고 있는 교실을 들어간다. 아침 등교 때도 마찬가지다. 교실에서 학생을 기다리며 맞는 교사의 모습은 낯설다. 경직된 교문 문화를 극복하고자 교사들이 '허그데이'라고 학생들을 껴안거나 '하이파이브'하며 친구처럼 인사하는 행사를 가끔 하는 것 같지만 학교의 일상 문화는 아직 딱딱한 느낌이다. 학교 현장의 문화나 교실을 보면 학생이 교사를 기다리는 게 자연스럽다.

쿠바에서 교사가 학생을 기다리는 모습을 보았다. 파블로(Pablo), 산타 클라라에서 만난 고등학교 물리학과 교사다. 산타 클라라 까사에서 나와 공원 근처를 빈둥대다 만난 고등학교 선생님이었다.

오후였다. 학생들이 나오고 들어가고 하는데 건물 앞에서 서서 친절하게 학생들과 인사를 나누는 사람을 보았다. 처음에 경비로 일하는 아저씨인 줄 알았다. 우리나라 교사들이 옷을 깨끗하게 입고 다녀 편견에 사로잡힌 결과다. 옷을 헙수룩하게 입으면 일하는 아저씨라고 생각한 탓이다. 파블로 선생님은 복장만큼 아이들 대하는 게 무척 편해 보였다.

학생들에게 서양식 인사인 비쥬(bisou)로 다정하게 뽀뽀하고 격의 없이 대하는 게 멀리서도 사랑을 느낄 정도였다. 나와 딸을 보더니 어떤 학생을 급히 부른 뒤, 영어로 대화하게 했다. 자신이 영어를 못해 영어를 잘하는 학생을 불러 우리들에게 친근감을 표시했다. 어슬렁대다 선생님을 만나 얘기하다 보니 기분이 좋아졌다. 미소 하나부터 훌륭하신 선생님의 품성이 다가왔다. 짧은 시간이었지만 깊은 교감을 나누었다. 마음에 강한 화학작용을 일으킨 사람은 1분을 만나도 오래 만난 것 같고 오랫동안 잊지 못하는 법이다. 선생님을 포함해 쿠바 학생들과 사진을 찍고 몇 마디 나누었을 뿐인데 잔잔하게 내 마음을 일렁이게 만들었다. 나도 아이들을 자연스럽게 대하는 선생에 속해 학생들과 다정히 웃고 있는 파블로 선생님에게 더 친근감이 들었다.

학생들을 보기만 해도 행복하고, 학생들의 미소를 보면 더욱 즐겁다. 학생들이 우울하면 내 자신이 무력해 보이고, 학생이 즐거우면 덩달아 즐거워진다. 그런 의미에서 뜻을 확장하면 '선생'은 먼저 웃으며 학생의 웃음을 기다리는 사람이라는 생각이 든다. 학생들이 웃으며 학교 생활을 할 수 있도록 먼저 미소 짓는 사람이라는 생각을 한다.

지내고 보면 어느 학생이고 예의 바르지 않고 꿈을 가지고 있지 않은 경우가 없었다. 모두 웃음을 지닌 학생들이었다. 자세히 안보고 잠깐만 봐도 학생들은 하나같이 예쁘고 멋졌다. 한명 한명이 별이면서 주인공이었다. 문제는 학교와 사회 환경이 더 컸다. 수십 년이 지나도 학생들을 바라보는 기준은 변하지 않았다. 협력보다 경쟁으로 줄 세우는 것도 여전하다. 어쩔 수 없는 부분도 있지만, 저마다 다른 꿈과 속도를 지닌 학생에게 하나의 잣대와 속도로 대하고 있는 현실을 개선할 의지도 필요하다고 생각한다. 학생의 자존감을 키워주고 학생이 마음 편히 자랄 수 있도록 도와줘야 하는데 현실 탓만 하고 있는 것 같아 조금 께름칙해진다. 주위 교사들을 보면 하나 같이 학생에 대한 애정이 크고, 훌륭하다. 존경할 정도로 열심이다. 조금 아쉬운 점은 교사들이 바라봐야 할 시선이 학생에 머물러 있는 부분이다. 학생을 온전히 애정하기 위해서는 제도와 조직 체계까지도 봐야 한다고 생각한다. 사회 시스템이나 학교조직을 개선하지 않고서는 학생들의 꿈과 삶을 제대로 도와주기도 힘들고 교사 스스로도 떳떳하지 못할 때가 너무 많이 생기기 때문이다.

'인사'도 마찬가지다. 인사를 어떤 틀에 맞춰 제시하는 것이 아니라 시대 흐름에 맞춰 가르치면 좋지 않을까 생각한다. 학생에게 무한한 서비스(?)의 사랑을 베푼다고 하면 인사에 대해서도 새롭게 생각해 볼 시점이 온 것 같다.

'파이팅'과 같은 의미인 '아리아리!'로 인사를 나눈 지가 어느새 20년이 넘어 인사의 중요성을 안다. 인사를 하는 잠깐이라도 학생에게 즐거움을 주고 사제 간의 정을 나누면 그것으로 더할 나위 없이 좋다고 생각했다. 아주 잠깐인데 자신감을 불어 넣어주고 힘 있게 기운을 전할 수 있어 무척 좋았다. 인사 하나로 행복하다고 하는 학생을 볼 때, 학생이 행복한 것이 아니라 내가 행복하고 고마웠다. 인사를 하는 학생들을 볼 때마다 기운이 살아나고 학생들의 생동감을 느꼈다. 깍듯이 고개를 숙이는 것도 좋지만, 절도 있게 자신의 의지를 보이는 것도 예의이며 바른 인성에 더없이 좋다고 생각했다.

가볍게 하든 힘 있게 하든 어떤 인사도 좋다. 교사가 교실에 먼저 가서 학생을 기다리는 일이 현실 상황에 맞지 않고 힘들다면 먼저 보는 사람이 먼저 인사한다고 생각하면 될 것이다. 좋은 교사란 덕 있는 사람이다. 학생을 보면 먼저 인사하고, 나아가 마음이라도 학생을 맞이하며 기다리는 사람이 덕이 부족할 리가 없다. 먼저 나타나 인사하고, 먼저 기다리며 학생을 맞이하는 존재가 선생이라는 말, 조금 과하게 의미를 확대해 보았지만 생각해 볼 만한 것 같다.

여인의 수염

여자가 수염이 있다는 게 이상한가? 한국에서는 이상하다. 쿠바는 그렇지 않다. 쿠바에서는 수염을 기르고 있는 여인을 이상한 눈으로 보지 않는다. 수염을 기르고 있는, 가족과 함께 있는 평범한 여성을 보았다.

특이하게 다가와 사진을 찍고 싶었지만 무례할 것 같아 사진을 못 찍었다. 후회된다. 낯선 풍경이라 수염 기르는 여자 풍경이 머릿속에서 맴돌았다. 꿩 대신 닭인가. 카페에서 차를 마시다 벽에 걸린 그림이 눈에 띄었다. 자연스럽게 찍었다. 누구에게 허락을 받을 필요도 없다. 수염을 기르는 여자의 모습을 사진이 아닌 그림으로 대신한 셈이다. 딸도 특별히 보았다고 한다. 수염을 기른 여자들을 보면 신기했지만 여성성에 대한 생각이 뚜렷한 딸은 자연스럽게 받아들였다고 한다. 요즘 한국의 젊은 여성에게 페미니즘은 자연스럽다. 존중하고 응원한다.

처음에는 이상하게 다가갈 것 같다. 교양 없는 사람이 장애인 대하는 꼴이다. 어쩌면 웃을 것 같다. 호기심으로 보다가 거기에서 멈추면 다행이다. 남의 나라니까 문화를 이해하는 수준으로 조용히 지나가면 되는데, 간혹 혐오감으로 다가가는 사람이 있어 문제다.

혐오에 혐오로 대응할 수 없지 않은가? 현재로는 아무리 생각해도 혐오에는 무반응밖에 답이 없는 듯하다. 신앙심이 깊어지는 경우다. 참아야 하기 때문이다. 이들에게 수염을 기르는 여자를 보여주고 싶다. '수염'

을 받아들이지 못하는 문화와 사람들을 극복하는 일도 미래 대한민국의
발전을 위해 해결해야 할 일인 것 같다.

수염을 인권의 관점으로 설명해도 받아들이기엔 한참 멀었다. 개성과
신체의 자유를 혐오로 받아들이는 이들에게 쿠바를 권하고 싶다. 체 게
바라나 피델 카스트로뿐만 아니라 안중근도, 안창호도 다 수염을 길렀
다. 아직 여자가 어림없다면 우리나라에 수염 기른 남자 대통령이 선출
될지 상상해 본다. 멋있다는 이탈리아 남자들은 수염을 기르는 이가 많
다. 한국 남자들이 수염 기르는 것에 언제 말을 하지 않을까? 특별한 시

선을 거둬야 한다. 1859년도에 밀은 《자유론》에서 사람들은 자신의 기호를 즐기고 자기가 희망하는 것을 추구할 자유를 지녀야 한다고 했다. 남에게 해를 주지 않는 한 다른 사람의 눈에 어리석거나 잘못되거나 틀린 것으로 보일지라도 간섭해서는 안 된다고 했다.

대한민국 헌법을 들지 않더라도 우리는 실천 면에서 거의 200년이나 뒤떨어졌는지 모른다. 우리나라에 수염을 기르는 여자들이 나오면 어떨지 궁금하다. 편견의 눈을 가를 기준이나 사람을 대하는 교양의 잣대가 조금 높아지면 좋겠다. 당당한 쿠바 여인의 수염이 그리웠다. 수염 따위는 아무렇게도 생각하지 않는 쿠바 문화가 부러웠다.

기름이 없는 주유소

대낮인데 주유소에서 기름을 넣으려면 서넛 시간은 보통 기다린다고 한다. 어려운 시기를 이겨냈지만 여전히 힘든 시기임을 보여준다. 쿠바의 주유소를 보면 베네수엘라의 차베스 정권이 보인다. 반미와 21세기 사회주의로 형제 같은 나라였다. 석유 산유국 베네수엘라에서 석유를 싸게 들여왔는데 지금은 꿈같은 얘기다. 유가 폭락이 있었고 베네수엘라 경제도 붕괴됐다.

한때 쿠바는 미국의 경제 봉쇄로 이동수단을 중국에서 자전거를 100만 대 들여왔고 자체적으로 120만 대를 제작했다고 한다. 기름이 없으니 자전거로 다니며 어려운 시기를 극복해 냈다. 그러나 쿠바가 세계적인 유기농업의 메카, 석유 문명에서 벗어난 최고의 국가라는 명성도 과거 얘기가 되고 있는 듯하다. 최근에는 심한 전력난과 경유 부족으로 쿠바 경제는 악화되고 있다.

쿠바의 경제가 이토록 힘든 이유는 미국의 봉쇄가 큰 비중을 차지한다. 미국과 외교관계를 회복하면 쿠바가 다시 일어나기 쉬울 텐데 아직은 요원해 보인다. 오마바 대통령이 2016년 쿠바를 방문하여 여행도 허가하면서 빛을 볼 것만 같던 쿠바가 다시 트럼프 정부가 들어서면서 냉각기가 되었다. 바이든 정부는 트럼프 정부보다 조금 완화되었지만 다시 2021년 1월에 쿠바를 테러지원국에 재지정하였다. 북한, 이란, 시리아에 이어 쿠바가 포함되었다.

　심지어 쿠바에서 2021년 7월에는 코로나 대유행 이후, 심각해진 경제난과 코로나 문제로 인해 '독재타도'와 '자유를 달라'라는 구호로 시위가 일어났다. 1959년 쿠바 혁명이 일어난 후 보기 힘든 반정부 시위였다. 갈수록 힘들어진다. 나라의 경제와 민주주의를 모두 봐야 할 형국이다.

　문득 기름 한 방울 나지 않는 나라에서 걱정 없이 기름을 쓰다가 문제가 생기지 않을지 의아심이 생겼다. 우리나라가 지구를 뜨겁게 만들고, 대책을 세우지 않고 에너지를 절약하지 않는다면 경제가 힘들어지지 않을지, 혹은 민주주의는 훼손되지 않을지 걱정이 들었다.

　조금이라도 기다리면 참지 못했던 한국의 주유소를 보다가 쿠바의 텅 빈 주유소로 시선이 옮겨졌을 때, 한참 동안 발걸음이 멈춰졌다.

공항에 착륙할 때는 박수를 쳐라

아바나 공항에 진입하여 비행기가 착륙할 때 승객들이 박수를 쳐서 재미있었다. 그런데 두 번째 비행기로 쿠바 안을 이동할 때는 나도 모르게 박수를 치고 있었다. 재미로 치는 게 아니다.

버스를 탈 때는 버스 정거장에서 버스를 기다리다 올라탄다. 쿠바에서는 비행기도 버스처럼 정거장에서 기다리다 올라탔다. 국내선의 작은 공항이고, 동남아도 그러한 곳이 많으니 이해할 수 있다. 그런데 승객이 오는 순서대로 자리를 정해 볼펜으로 쓴 종이를 나눠주는 데서 놀랐다. 비행기 표인데 볼펜으로 쓰고 있었다. 직접 쓸 정도로 승객이 많지 않아 그나마 다행이었다. 기다리고 올라가는 것이 버스 정거장 같았다. 올라가서 빈자리를 먼저 잡는 게 임자가 아니라 감사했다. 번호를 적어 주니 빈자리를 잡느라 싸우지 않아도 됐다.

　공항 시설이 비아술 버스 터미널과 비슷했다. 대합실이나 화장실 규모가 비슷하다. 대합실 의자에 앉아서 탑승객들을 다 파악할 수 있었다. 아무리 지방의 공항이라도 비행기가 뜨는 곳인데 뭔가 부족한 느낌을 받았다.

　이제야 알았다. 쿠바 사람들이 비행기가 목적지에 이르러 공항에 착륙할 때 박수치는 이유를 알았다. 저절로 안도의 함성과 박수가 나온다. 돌아오는 길이 멀어 조금 비싸도 큰맘 먹고 쿠바 국내용 비행기를 이용했지만 다시 간다면 '글쎄다'로 대답할 것 같다. 탈지 말지 다시 생각해 보고, 되도록 코스를 조정해서라도 버스를 이용할 것 같다.

제2의 성은 없다

프랑스의 보부아르는 "여자는 태어나는 것이 아니라 만들어지는 것"이라고 했다. 여성성이란 개념이 생물학적으로 태어나는 것이 아니라 사회적인 교육을 통해 만든 인위적인 개념이라고 했다. 남성에 이어 제2의 성으로 본 것을 비판했다. 그러나 쿠바에서 여성은 제2의 성이 아니다.

쿠바에서 본 여성들은 활기차고 자유로웠다. 어린이들부터 학생, 성인까지 만날 때마다 남미 특유의 솔직함과 사교성을 풍부하게 느꼈다. 어른들도 대등하게 술과 담배를 마음껏 마시고 피면서 거침없이 생활했다.

정치적으로도 여성의 권위는 남자에게 뒤지지 않는다고 한다. 여성 의원 비중이 공산주의 국가에서는 쿠바가 가장 높다. 여성과 남성의 평등지수도 세계에서 상위권에 속한다. 우리나라보다도 월등하다. 여성의원 비율 하나만 보면 대한민국이 쿠바를 따라가기 힘들다.

쿠바 여성은 10대 후반이면 이미 성인 취급한다. 결혼 출산 연령이 낮다. 여성의 높은 인권에다 카리브해 연애 문화 때문인지 이혼률이 6-70퍼센트에 달한다고 한다. 보수적인 시각에서 보면 부정적이다. 마음에 안 들면 헤어질 테니 생활이 불안해 보인다. 쿠바는 헤어진 가정이 많고 꽤 그런 시절이 오래다 보니 사회도 거기에 맞춰 적응한 상태다. 어른이나 어린이도 변화되는 가족 형태에 자연스럽다고 한다.

쿠바를 보면서 눈살 찌푸릴 일만이 아니다. 우리나라도 이혼율이 세계

3위이고 거의 50%에 달한다는 보고가 있다. 아시아에서는 1위다. 동방예의지국이니 전통문화 운운할 때 가정은 급속도로 무너지며 변하고 있었다. 이제 이혼이 자연스러운 모습까지는 아니어도 이상한 모습은 아니다. 한두 집 건너 볼 수 있다. 사회나 문화도 바뀌고 있다. 고정 관념과 편견도 무너지고 바뀌어야 할 듯하다. 결혼도 이혼도 선택이다. 어떤 형태든 상황에 따라 잘했다고 축하해 주고 편하게 대할 때가 됐다.

쿠바의 성 문화는 개방적인 남미 특유의 분위기가 한몫 하지만 무너진 경제도 영향을 미쳤다. 거리를 다니다 보면 쿠바 여인을 싸게 사서 다니는 외국인들도 보인다. 여인네 엉덩이를 때리며 올라타라는 운전기사의 장난스러운 손도 여전하다. 우리나라라면 성추행으로 강하게 규탄받을 문화다. 최근에 우리나라 곰탕집에서 손님이 1.3초 동안 여자 엉덩이에 손을 댄 일을 성추행으로 간주하여 유죄 판결을 받았다. 쿠바에서 손장난을 멈추려면 조금 시간이 필요할 듯하다.

쿠바여행은 여성에 대한 성인지 감수성을 점검받는 기간이기도 했다. 딸은 늘 비행기를 탈 때부터 여성 승무원이라는 말을 못마땅해 했다. 그냥 승무원이라고 부르라고 했다. 여직원이 아니라 그냥 직원이라고 했다. '먼지 차별'이라고 작은 단어에서도 차별을 느끼고 있었다. 알고 있는데 무의식중에 그렇게 말했다. 요즘 대한민국은 나처럼 교정받아야 할 의식을 가진 남성들이 많다. 양성 평등의식이 필요할 때다. 여행 중에 이렇게 교육을 받아 다행이었다. 여행 내내 젊은 여성(?)에게 집중적으로 여성 인권과 양성평등에 대해 교육을 받은 셈이다.

지금까지 한국은 남자들이 누리는 세상이었다. 하늘 같은 여자들의 존재를 모르고 있었다. 여자들이 화낼 만하다. 사회는 21세기인데 가정은 20세기라 그렇다. 그래도 서로 조금 이해해 가며 모두 한국을 바로 잡아 가는 데 힘썼으면 한다. 주변에 못된 여자들도 많고, 거꾸로 착한 남자들도 많다. 모두 시야를 넓게 가졌으면 좋겠다. 좋은 여성상은 좋은 양성상에서 나오는 법이다.

아바나 여성 조각상이 말한다. "남자들이여, 좋은 시절 다 지나갔다. 밥 얻어먹을 생각 말라. 밥해줄 생각이 없으면 적어도 같이 해먹을 생각으로 살아라. 여기는 제1, 제2의 성은 없다. 사람만 있다."라고.

유럽의 거리를 달린다

하늘 아래 오래 머문
건물이라 여유가 있다

낡아도 쓸 만하니
차는 뽐내며 굴러간다

올드 카, 오랜 건물이
꾸미는 한결같은 도시

쌩쌩, 올드카가
유럽의 거리를 달린다

오래될수록 새로워지는
땅 위의 건물 사이를

3부

아바나에서
바라코아까지

아바나 비헤하의 저녁 불빛은 차분하다

비행기 안에서 여행 책자를 보았다. 공항에 내려 환전할 곳부터 처음 숙소까지 표시해 두었다. 아바나에 내려서 쿠바 전국을 도는 코스다.

서울에서 쿠바는 멀다. 아바나까지 직항이 없다. 러시아를 경유하면 서울에서 러시아 9시간 뒤 러시아를 출발하여 13시간 정도 걸린다. 여행 코스를 서울에서 모스크바를 경유하여 아바나로 가는 길을 택했다. 모스크바에서 3일까지는 비자 세금을 안 낸다고 해서 혹했다. 한국에서는 보통 캐나다나 멕시코를 경유해서 쿠바를 간다. 비행기 요금이 싼 코스인 멕시코를 포기하고 모스크바를 택한 셈이다. 티켓을 보고 모스크바는 3시간 걸리는 줄 알았다. 현지시간 6시간을 더하지 않은 탓이다. 서울에서 모스크바까지도 9시간 걸렸다. 비행기 안에서 알았다. 옆 사람과 얘기하다 보니 그 분은 3시간이 아니라 9시간을 잡고 있었다. 당황스럽지만 웃고 넘길만한 일이었다. 모스크바의 추위를 맛본 뒤에 쿠바를 가면 더 뜨겁게 느껴지리라 생각했다. 판단이 맞았다. 모스크바는 추웠고, 쿠바는 더웠다. 고생 뒤에 낙을 택한 셈이다.

첫 목적지로 입성한 아바나는 쿠바의 수도다. 무사히 안착했다. 아바나에 200만 명이 살고 있는데 시내는 여행객으로 북적대는 느낌이었다. 쿠바 인구가 약 1,150만이 조금 못 되고 면적이 남한 면적과 비슷한 걸 생각하면 꽤 복잡한 편이다. 아바나는 아바나 비헤하, 센트로 아바나, 베다도로 나뉘어진다.

아바나 비헤하는 비헤하에 숙소를 두면 매일 찾게 되는 오비스포 거리
가 있다. 머물며 이삼일에 열 번, 스무 번은 지난 것 같다. 관광객들이 제
일 많고 편의 시설이 잘 되어 있다. 태국 타이의 카오산 로드, 네팔의 포
카라처럼 흐느적거리며 오랫동안 머물고 싶은 곳이다. 오비스포 거리,
미술관, 말레콘 등 모두 있다. 센트로 아바나도 아바나 비헤하와 연결된
다. 걸어서 이어진다. 중앙공원, 국회의사당, 혁명박물관을 들렀다. 차이
나타운도 갔다.

베다도는 혁명광장 있는 곳을 생각하면 된다. 까사 주인집 딸이 다니는
아바나 대학교, 그리고 나폴레옹 박물관 등을 가봤는데 숙소에서 거리가
있어 택시를 이용해서 갔다. 다음 행선지로 갈 버스 이동 출발 시간에 맞
추고자 시간을 아껴야 했다.

모든 관광객이 혁명 광장에 가서 체 게바라 얼굴을 배경으로 사진을찍
는다. 그래야 쿠바 여행을 마음 편히 할 수 있는 느낌이다. 혁명 광장의
체 게바라 사진과 함께 찍으면 쿠바 인증은 제대로 한 셈이기 때문이다.
쿠바 여행은 아바나 혁명 광장에서 시작한다고 해도 과언이 아니다. 나
는 첫날 숙소가 아바나 비헤하였다. 여행자 중심 거리를 다니느라 혁명
광장을 못 갔다.

쿠바 입성 후 첫날, 올드 아바나에 내리는 불빛이 은은했다. 다음날 혁
명 광장을 생각하며 들뜬 마음을 가라앉혔다. 꼭 봐야 할 것, 보고 싶은
것으로 마음은 뜨거워지고, 밤거리에 불빛은 은은히 뿌려지고 있었다.

아바나 건물

"우리나라 6,70년대 건물 수준이다." 쿠바에 첫날 왔을 때 더덕 붙어 있는 낡은 건물을 보고 걱정 섞인 말로 딸보고 얘기했다. 무너지는 않겠지 하면서도 마음 한구석에 불안감은 떨쳐 버리기 힘들었다. 건물이 오래되고 길이 정비되어 있지 않아 낡게 느껴졌다. 건물만 우리나라처럼 부수고 새로 짓는 과정을 갖게 되면 완전 새로운 국가로 건설될 텐데 아직 그럴만한 여력이 없는 상황이다.

그런데 큰 건물들도 손대지 않고 그대로 두는 게 정책이라는 글을 읽을 때 쿠바를 다시 보게 되었다. 《론리 플래닛 쿠바》를 보면 쿠바는 1994년에 아바과넥스(Habaguanex)를 설립하여 아바나를 번지르하게 바꾸고 싶은 유혹을 물리쳤다고 한다. '에우세비오 레알 스펭글레르'라는 천재적인 인물이 아바나를 유서 깊은 현장으로 추진했다는 사실을 알고 더 깊은 감명을 받았다.

건물은 고치는 것보다 그대로 두는 게 힘들다. 건물 지을 땅만 있으면 눈독 들이고 일 년 내내 공사 중인 나라에 살아서 안다. 쿠바에는 건설 사업을 볼 여력이 없어서 그런 줄만 알았다. 깔보았다. 건물 하나하나를 소중히 여기는 눈을 지니고 있는 것을 알고, 자본에 물든 내 사고를 반성했다. 아파트 건물보다 100년 된 집들을 더 멋지게 보면서도 현실에선 다른 눈을 가지게 되었다.

쿠바도 자본주의에 급속도로 변하게 될 것이다. 새로운 건물들을 짓고 고층 아파트가 들어설지도 모른다. 그러나 고치고 변해도 천천히 변했으면 한다. 적어도 중심을 갖고 버렸으면 좋겠다. 낡은 건물에서 거지처럼 살라는 게 아니다. 임대료 대비 집값이 세계 1위인 서울에 살다 보니 낡고 작은 집을 무상으로 얻는 모습이 괜찮아 보인다. 집이 없는 사람은 부러울 것 같다. '집' 한 글자에 많은 눈물을 흘리지는 않을 것이다.

쿠바인들은 1년 만에 10억씩 오르는 집들이 즐비한 서울을 이해할지 모르겠다. 손낙구의《땅과 집 이야기》에서 저자는 한국 땅을 팔면 100배나 큰 캐나다를 두 번 살 수 있고 77배 큰 호주를 살 정도라고 했다. 쿠바인들은 우리 나라를 어떻게 생각할지 궁금하다. 우리나라 사람 대부분은 집으로 돈 버는 현실에 좌절하고 만다. 집 때문에 '영끌'이란 신조어가 나왔다. 영혼을 끌어야 집을 볼 수 있다. 텔레비전은 집을 짓거나, 새집을 소개하는 프로그램 만들기에 여념 없다. 집 없고 돈 없는 이들은 서글프다. 경쟁을 이어 성공 스토리를 만드는 노래 경연, 폭식과 영양 불균형을 초래하는 먹방과 요리 프로그램에다 이제 허탈감은 아랑곳하지 않고 집 짓는 게 자연스러워졌다. 단순한 재미만을 추구하고 2억, 3억이 작은 돈이 되고 싼 집값이 되어버렸다.

낡은 집이라도 가질 수 있는 쿠바에 눈을 돌리게 된다. 건축 자재가 부족해서 못 짓는 이유를 들면 할 말이 없지만, 한편으로 일상적인 집들이 기본적으로 백 년, 이백 년 넘는 게 부러웠다. 건물 그대로 두면서 색칠만 덧붙여도 아름다운 도시가 정겹게 느껴졌다.

비날레스, 우산 나무의 사랑도 자란다

비날레스를 택한 이유는 걷기를 좋아해서다. 트레킹을 할 수 있다고 들었다. 쿠바에서 자연을 느끼려면 비날레스로 가라는 말이 있다. 한국에서 여행지를 계획할 때 비날레스를 빼고 바라데로로 갈까도 고민했다. 바라데로가 휴양지로 좋다는 소문은 익히 들었다. 허나 마음이 동하지 않았다. 물이 있는 곳은 당시 새끼손가락이 골절된 상태라 꺼리게 되었다. 올 인클루시브 호텔(all inclusive hotel)이니 뷔페 음식 좋다고 사람들이 하는 말도 마뜩치 않았다. 여행하면서 아직 고급 휴양지를 선택하는 일은 마음이 허락하지 않았다. 아주 늙어서, 다니기 귀찮아질 때나 아니면 경제적으로 여유가 생기면 선택한다고 했다. 아마 속마음은 바라데로를 원하는데 형편이 안돼서 비날레스를 택했다고 구차하게 얘기하는지 모르겠다. 비날레스가 유네스코가 지정한 문화유산이면서 쿠바에서 가장 장엄한 자연 경관을 품은 여행지라 택했다고 하면 되는데.

딸과 여행 스타일이 맞아 코스도 만족하며 잘 다녔다. 다닐 때는 거창하게 공정 여행이라고 말하지 않아도 환경을 생각하고, 현지 문화를 존중하며 지역경제 활성화에 보탬을 주는 여행을 했다. 힘들 것을 각오한 '트래블(travel)'로 배낭 정신을 생활화한 알찬 여행이었다. 관광이 아니었다.

생각해 보니 가족들과 함께 한 배낭여행은 가장 값진 재산이 되었다.

초등학교를 다니고 있던 아이들과 함께 해외 곳곳을 여행한 일은 생각만 해도 즐겁다. 그때도 숙소부터 음식 모두 싼 곳만을 찾아다녔다. 언어 소통이 되지 않는 상태라 안전하게 다니는 데 급급했지만 결과적으로 경비 면에서도 현지인보다 싸게 다녔다는 말을 듣기도 했다. 일정이 고될 때가 많았다. 되도록 택시를 안타고 차비를 아끼려다 가족 네 식구가 외국의 고속도로를 걷고 있기도 했다. 중국의 호도협이란 곳을 트레킹을 할 때는 가족 모두가 길이 아닌 위험한 벼랑길을 올라가기도 했다. 다행히 사고가 안났기에 망정이지 식겁할 때가 한두 번이 아니었다. 지금은 모두 즐거운 추억과 삶의 자산이 되었지만 당시에는 무모한 경험이었다. 하나하나 배낭을 메고 좌충우돌하며 배낭 정신을 옹골차게 다질 수 있었다.

배낭여행을 하다 보면 끼리끼리 만난다. 여행을 아는 사람은 어디에나 있다. 비날레스에서도 스페인 직장인 다니엘을 만났다. 중국에 있다가 쿠바로 여행 온 젊은이였다. 다니엘과 만난 뒤 함께 다니기로 하면서 승마 일정은 생각을 접게 되었다. 다니엘은 승마보다 처음부터 걷기를 원했다. 내 손가락이 온전하지 않아서 좋은 제안으로 여겼다. 시간마저 천천히 흘러가는 곳을 빨리 갈 필요는 없다는 생각도 있었다.

비날레스는 2박 3일 계획이라 머물렀다고 해 봤자 온전히 있는 시간은 하루였다. 안내 책자는 20~25쿡 정도의 트레킹 투어를 추천한다고 나왔다. 보통 가이드를 통해 말을 타고 다니면서 동굴을 가고, 담배 농장을

체험한다. 비날레스에 담배농장이 많기도 하다. 좋은 코스다. 싼값으로 말을 오랫동안 타기 쉽지 않기 때문이다. 그런데 그리 비싼 돈은 아니지만 현지에서는 작은 편이 아니었다. 1쿡도 아까울 때가 있다. 쓸 때는 써야 하는데 아직 여행을 즐길 형편이 아닌 것 같은 생각도 들었다. 또 돈보다도 말타고 다니는 것에 끌리지 않은 점도 있다. 까사의 주인이 투어를 적극 추천했으나 스스로 돌아다녔다. 까사 주인이 서운해 했다. 소개비를 챙기지 못한 아쉬움이 보였다. 조금 미안했으나 딸은 미안해할 필요가 없다고 했다. 구구절절이 맞다. 나보다 더 철저한(?) 딸을 보니 왠지 모르게 웃음이 나왔다.

하루 종일 아침부터 저녁까지 다니엘, 딸과 나는 걸었다. 질퍽대는 흙길을 힘들게 걸었고, 구석구석 돌아다니면서 광활한 쿠바의 전원을 온몸으로 느꼈다. 우리나라의 시골길을 크게 확장시킨 듯한 포근함이 있어 트레킹다운 트레킹을 했다. 많은 이들이 택시를 타고 몇 곳을 찍고 옮겨 다니거나 마부가 끄는 말을 타고 다니며 마치는 것과는 달랐다. 우리는 흙길을 걸으며 하루를 아름답게 채우고 물들일 수 있었다.

아바나에서 두 번째로 이동한 장소인 비날레스에서 다니엘을 만나면서 여행에 탄력을 받았다. 이번 여행에 준비를 제대로 안 한 것도 알게 됐다. 다니엘은 간단한 배낭 하나만 갖고 다녔다. 우리는 한국에서 바리바리 싸온 짐을 보며 부끄러워했다. 적어도 자유여행자라며 배낭정신 운운했는데 허당인 셈이다. 언제부터인지 짐 싸는 배낭이 캐리어로 되더니 짐이 점점 많아졌다. 치약 하나도 무거웠다. 이번에도 며칠 안 가서 우체국을 찾게 되었다. 가서 짐 하나를 부치려고도 했다. 딸은 캐리어가 무거워 보관소가 있다면 하나를 맡기고 돌아다니려 했다. 손가락을 다쳐 제대로 끌지도 못하는 상태라 더 미안했다. 그러나 여기는 쿠바였다. 보관소도 우체국도 우리가 원하는 부분을 기대할 수 없었다. 진정한 배낭정신을 지닌 여행은 다음을 기약해야 했다. 미쳤다고 할 정도로 가볍게 떠나야겠다고 다짐했다. 사람은 지식으로 얻는 것과 경험을 해야 깨닫는 게 따로 있다. 문제는 사람이 망각의 동물이라 여행을 갈 때 되면 또 욕심대로 짐을 싸게 된다. 그때부터는 운명을 받아들이게 된다. 운명이라 여기고 순응할 수밖에 없게 된다. 스페인어를 모국어로 하는 다니엘은 현지인 버스를 손쉽게 탔다. 부러웠다. 현지인 음식집으로 우리를 데리고 가면서 저녁까지 함께 하고 헤어졌다.

비날레스에서 다니엘과 비슷한 또래인 딸과 걷는 뒷모습이 보기 좋았다. 우산 나무라는 푯말이 나올 때까지 그들 둘이서 한참 동안 얘기하며 갔다. 동굴과 선사시대 모조 벽화를 보러 가는 길에 만난 나무는 우산처럼 펼쳐져 비가 아닌 햇볕을 피하게끔 자리잡고 있었다. 농장 부자(父子)가 코코넛 열매를 따주고, 마차를 탄 쿠바 농민이 지나간 곳이다.

하루종일 걷다가 만난 우산 나무 밑에서 나눈 대화가 무엇인지 궁금했다. 비날레스에서 가장 유명한 선사시대 벽화보다 더 보기 좋았다. 젊은 이들이 의젓하게 취미와 직업을 얘기할지, 인생에 대해 나눌지 궁금했다. 젊음으로 자연스럽게 이어진 스페인 청년과 딸은 내가 가까이 갈 때까지 이야기하며 기다렸다. 나는 쿠바의 우산 나무가 클때 추억으로 싹튼 아름다움도 함께 자랐으면 좋겠다고 속으로, 막연하게 바랐다.

시엔푸에고스는 착하다

시엔푸에고스는 쿠바의 파리라고도 한다. 파리가 내게 맞았던 도시처럼 시엔푸에고스도 좋았다. 2005년 건축학적 가치를 인정받아 유네스코 세계 문화유산이 된 곳이다. 내게는 가장 맛있는 밥을 먹은 곳으로 남는다. 여행한 지 며칠도 되지 않아 쿠바 음식에 적응하지 못 할 때 밥다운 밥을 만났다. 치킨과 밥을 먹기 전 공복 시간이 길기도 했지만 게걸스럽게 먹을 정도로 먹은 곳이다.

쿠바에 도착하여 아바나에서 비날레스를 거쳐 시엔푸에고스에 도착하였다. 비날레스에서 시엔푸에고스로 가는 길은 조금 멀다. 비날레스에서 아침 7시에 출발한 버스가 2시에 도착했다. 버스만 7시간 탔다. 쿠바에서 여행지를 버스로 이동할 때는 4-5시간은 기본이다. 7시간 거리가 멀게 느껴지지 않았다. 숙소를 찾았다. 주인 아저씨의 수염이 멋있어 보였다. 내가 늙으면 닮고 싶은 수염이다. 적당히 머리도 벗겨지고 비슷해질 것 같다. 뚱뚱한 살은 자신이 없다. 쿠바 사람의 나온 배는 마음에 안 든다. 그냥 나는 나대로 살아야 되겠다.

숙소에서 나오니 오후 3시 40분이다. 부랴부랴 점심 먹을 곳을 찾으러 다녔다. 토요일이라 휴무인 데가 많다. 시내 가장 큰 길 주변으로 돌았다. 엘 쁘라도(Paseo El Prado)란 큰 길이다. 식당이 보여 들어가서 제일 만만한 닭고기를 시켰다. 2인분에 8쿡이다. 현지인 메뉴판도 보였지만 외국인 메뉴판을 들이대기에 어쩔 수 없었다. 한국에서 9,000원뿐이 안 된다. 품위를 지켜야지 화내고 나갈 수 없다. 외국에서는 한 명 한 명이 외교관 역할을 한다. 한국에 대한 이미지가 무척 좋아 더욱 신경 써야 한다. 흥청망청 쓰는 사람들처럼만 안하면 된다. 현지인 화폐인 모네다로만 계산하는 식당하고는 달랐다. 적당히 아껴야 한다. 음료수로 콜라는 하나만 시켰다. 오백 원, 천 원을 아꼈다. 배고프기도 했지만 한국인의 대표 메뉴, 프라이드 치킨이 들어가서인지 감탄을 하며 먹었고, 그 밥 한 끼로 시엔푸에고스를 사랑하게 되었다.

시엔푸에고스는 갖고 간 카메라가 망가진 곳이기도 하다. 푼타고르다의 정자에서 나와 석양이 아름다워 찍은 사진이 마지막이다. 쿠바는 어디를 찍어도 사진이 멋있게 나온다고 해서 한국에서 카메라 삼발이까지 갖고 갔다. 하지만 삼발이를 쓴 적은 없었다. 야경에 사용하는 데 안성맞춤이라고 해서 갖고 간 삼발이는 써먹기 전에 망가졌다. 삼발이를 갖고 다니라 애만 먹었다. 칸만 차지하고 무겁기까지 했다. 아까워서 버리지는 못했다. 여행 내내 욕하고 다녔다. 밤에 자려고 캐리어를 정리할 때마다 칸을 차지하고 있었다. 안 보이면 좋았을 텐데 보였다. 야경이 좋다고 하더라도 삼발이를 갖고 다니는 사람은 보질 못했다. 카메라로 찍되 정작 필요할 때는 삼발이를 숙소에서 갖고 나오지 않아서 한 번도 못 썼다. 시엔푸에고스는 바다가 멋있다. 휴대전화로 풍경을 다 담지 못해 카메라로 찍었다. 삼발이는 역시 못 썼다. 삼발이를 세우기 전에 카메라가 망가졌다. 여행 초기인데 제대로 써 먹지 못했다. 차라리 휴대 전화를 한 대 더 사오지 않은 것을 후회했다. 카메라가 망가지기 전에 마지막으로 찍은 사진은 그런대로 잘 나왔다. 이제 완전히 카메라도 삼발이도 버리지 못한 짐이 되었다. 지금 생각만 해도 혈압이 오르는 것을 느낀다.

아바나는 말레콘은 있지만 도시 분위기였다. 비날레스는 시골이었다. 씨엔푸고스는 바다가 있는 어촌 느낌이다. 시엔푸에고스에 큰 길이 있었지만 말레콘을 위한 것 같았다.

시엔푸에고스에서는 하구아 요새를 가기 위해 1쿡을 주고 배를 탔다. 숙소로 올 때는 인력거를 탔다. 2쿡이라고 했는데 1쿡을 더 주었다. 밤늦게까지 자전거 인력거를 모는 모습을 보니 미안했다. 밤늦게 인력거를 끌고 가는 청년의 노고에 듬뿍 더 얹어 주고 싶었지만 참았다. 집에 들어오다 동네에서 망고주스를 사먹었다. 놀랍게도 3모네다였다. 1쿡으로 8잔을 먹을 수 있다는 게 놀라웠다. 더구나 꿀맛 같다. 카메라가 망가져 상하게 된 기분도 날릴 만큼 달달해서 좋았다. 시엔푸에고스는 노을처럼 그윽했고 착했다.

뜨리니다드는 한국을 좋아한다

트리니다드는 쿠바 여행 준비하면서 한국에서 꽤 익숙하게 들은 곳이다. 아바나, 바라데로, 트리니다드를 가장 많이 들었다. 많은 한국 관광객들이 쿠바에 오면 세 군데를 다니다 돌아가기도 한다. "트리니다드, 트리니다드"하며 말하는 이유를 알 만도 했다. 트리니다드는 도시가 아름다워 1988년에 유네스코 세계문화유산으로 되었다. 스페인의 식민지 시절 건축물과 분위기가 그대로 남아 있어 1850년의 역사 속으로 간 기분이다. 동네는 아기자기하고 예쁘다. 유명 관광지로 소문나 가장 많은 한국인을 만난 곳이기도 하다. 한국 태극기를 단 까사가 있을 정도다. 트리니다드는 한국인이 좋아하고 한국을 좋아한다고 해도 무방하다.

바다, 산, 승마 등을 경험할 수 있어 여행자가 좋아할 만하다. 길은 산책하기 좋게 매우 정교하고 세밀하게 나있고, 아바나의 오비스포 거리 분위기도 난다. 외국인 관광객이 그만큼 많다. 음식점도 외국인을 위한 음악 연주가 자주 있다. 밤이면 광장 옆 카페에서는 큰 춤판이 벌어진다. 살사 춤을 배우고 싶은 욕망을 갖게 한다. 길 돌바닥은 일품이다. 골목길 어디에서 사진을 찍어도 잘 나온다. 쿠바에서 돌바닥이 나온 사진을 보면 트리니다드인 게 틀림없다.

트리니다드에서 하루는 바다로 일정을 잡았다. 손가락 때문에 바다를 의식적으로 멀리해 왔지만 카리브 해에 몸은 담가야 하겠다는 일념이 작용했다. 간 데가 앙꽁해변이다. 앙꽁 해변을 갈 때는 기차 시간을 맞추지 못해 택시를 탔다. 올 때는 버스를 탔다. 아, 왜 나는 이런 게 기억에 남는지 모르겠다. 천박하다. 어쩔 수 없다. 하루하루가 한 푼을 아끼기 위해 치열했기 때문이라고 변명한다. 생존과 생활을 위해 있는 그대로를 사랑하련다.

있는 나를 긍정하니 바다도 평화롭게 보였다. 사람도 많지 않고 오로지 쉴 수 있는 바다다. 우리나라처럼 물놀이하는 사람은 없었다. 우리나라는 바다놀이도 역동적이다. 바다에 가면 놀아야 제맛이었다. 쿠바에선 발을 담근 뒤 누워만 있었다. 발을 담갔으니 됐다고 생각했다. 카리브해 바다에서 오랜만에 휴식을 취했다.

다음 날은 계곡 트레킹을 할 셈으로 잉헤니오스 계곡을 갔다. 잉헤니오스 계곡은 '사탕수수'와 관련 있는 지역이다. 트리니다드와 함께 1988년 유네스코 문화유산으로 등재된 곳이다. 갈 때는 택시를 탔다. 버스로 찾

아가기가 힘들다. 가는 교통수단이 끊어져 달리 방법이 없기도 했다. 생각보다 먼 거리인데 8쿡으로 저렴하게 갔다. 기분이 좋아 운전사와 사진까지 찍었다. 운전사도 8쿡이면 만족할 것이다. 올 때는 기차를 못 잡고 우여곡절 끝에 버스를 타고 왔다. 1쿡에 와서 기뻤다. 1쿡도 현지인에 비해 여행자 요금으로 비싸지만 만족했다. 갈 때는 8쿡에 왔지만 까사로 1쿡에 온 것을 생각하니 절로 기뻤다.

기분이 좋아 저녁에 랍스터를 시도하였다. 쿠바에 들어와 저렴한 랍스터를 찾다가 8일째가 돼서야 먹었다. 한국에서 말한 7쿡짜리는 없었다. 25쿡이었다. 부담되어 한 개만 시켰다. 옳은 판단이었다. 값에 대한 기대가 무너져서 그런지 만족스럽지 못했다. 랍스터를 먹었다는 데 의의를 두었다. 둘이서 먹은 1인분이라 즐거움도 오래가지 않았다. 트리니다드는 여러모로 관광객을 유혹하는 곳이다. 관광객엔 한국인도 포함된다.

로스 잉게니오스 계곡 트레킹

계곡 트레킹을 할 작정으로 가면 큰 오산이다. 계곡이라 과거에 갔던 중국의 호도협 계곡을 생각했었다. 갔더니 평야다. 쿠바에서 계곡이란 단어는 들판으로 번역된다. 내가 몰랐던 것이지 누구도 나를 속이지 않았다. 미처 몰랐던 일로 남 탓을 할 생각은 없다. 계곡이 아니니 가볍게 돌아다닐 수 있어 좋다고 상황을 받아들이면 된다. 긍정적인 성격이 성공한다는 말이 떠올랐다.

트리니다드에서 기차로 갈 수 있는 로스 잉게니오스 계곡은 노예해방으로 아이티 공화국이 1791년에 세워지면서 쫓겨난 프랑스인들이 와서 쿠바 노예를 부린 곳이다. 트리니다드에서 갈만한 관광코스가 되었다. 전망대가 있기 때문이다. 이스나가 농장 타워라고 한다. 사탕수수 농장주 이스나가의 이름을 빌려 지었고, 44m 높이다. 올라가려면 입구에서 1쿡을 받는데 조금 꺼리게 된다. 돈 주고 들어가야 하기 때문이다. 돈 주고 꼭대기까지 올라가는 일이 머뭇거리게 된다. 그러나 여기서 전망대 올라갈 일 아니면 별로 할 게 없기에 올라가게 된다.

아까운 것을 알고도 전망대 꼭대기에 올라갔다. 계곡이 보였다. 들판이다. 숲과 사탕수수 농장이 많다. 생각보다 아름다운 풍경이다. 높이 올라가게 해준 입장료 덕분이다. 아름다운 풍경 뒤에는 노예들의 피땀이 있다고 한다. 노예들이 도망가면 전망대의 종을 쳐서 개가 물어 죽이게 한 경우도 다반사였다고 한다.

평화로운 현재는 피묻은 역사의 흔적이 안 보인다. 우리가 남의 나라 과거 역사에 얼마나 동감하고 배우겠느냐마는 알고 보니 노예들을 감시 하는 초소가 생각보다 불편했다. 우리나라 일제 강점기 때 소년병을 강 제로 모으고 죽음의 현장으로 몰고 간 일본이 떠올랐다. 부역한 친일파 도 떠올랐다. 영원히 잊을 수 없는 역사다. 그러다 보니 가볍게 다닐 수 만은 없는 계곡이었다. 평화를 누리기 위해 피 흘린 역사를 너무 가볍게 볼 수 없었다. 역사를 강요할 수는 없지만 깨달을 계기를 마련할 필요는 엄연하다고 생각된다. 제대로 역사를 가르치며 똘똘 뭉치기도 바쁜데 우 리는 제대로 하고 있는지 들판을 보는 내내 표정을 밝게 펼 수 없었다.

앙콘 해변은 카리브해

유럽 가면 지중해에 몸을 담가 봤다고 자랑하려고 짧은 시간에 아말피 바닷가에 들어갔었다. 중남미에 가면 카리브 해에 몸은 담가야 하겠다고 찾아간 곳이 트리니다드의 앙콘 바다이다. 쿠바하면 의외로 바다를 추천하는 이도 있어 궁금하기도 했다. 쿠바를 돌아다니다 보니 올긴에 휴가를 온 관광객이 많았다. 스킨스쿠버를 위해 쿠바에 온 한국인도 봤다. 손가락이 골절된 상태라 바다가 내키지 않았지만 동행자인 딸의 제안으로 쉴 겸 길을 나섰다. 전날 숙소에서 외국인 관광객이 무슨 트레킹을 할 거라 말했는데 영어가 짧아 길게 대화를 하지 못했다. 우리는 우리는 트레킹보다 쉼을 택했다.

아침에 굼떠 우리가 목적지로 가기에 좋다던 기차 시간을 놓치게 되었다. 시간이 늘어져 간이 터미널에서 택시를 흥정하여 갔다. 그날 일정을 소화시켜야 했기에 어느 정도 비용은 감수해야 했다. 다행히 바다라는 장소는 실망시키지 않았다.

쿠바의 바다는 조용히 쉴 수 있었다. 아바나와 비날레스를 거치며 생긴 긴장으로 피곤해진 몸에 잠시 휴식을 준 기분이 들었다. 바다에서 몸을 늘어뜨리고 흐느적거리는 일은 그 자체로 힐링이다. 쉬다 가려고 트리니다드 일정은 4일로 했는데 적절했다. 한국의 겨울 날씨와 러시아의 혹한을 놀리듯이 뜨거운 햇살이 바다에 펼쳐져 있었다. 쿠바를 여행한 지인은 앙콘에서 어느 쿠바 여인이 상의를 벗고 다니기도 했다는데 그런 일은 없었다. 지인은 당시 사진기를 갖고 있어서 쿠바 여인이 사진기를 확인하며 의심해서 곤혹스러웠다고 했다. 일종의 상술일지도 모르는 일이니 조심해야 한다고 조언을 해주기도 했다.

다행히 내가 경험한 앙콘 바다는 휴식 그 자체였다. 몇몇 외국인 여인이 상의를 벗은 채로 엎드려 책을 보며 태양을 즐기고는 있어도 돌아다니지는 않았다. 만약 그렇게 돌아다녔으면 정신을 못 차렸을 것 같다. 다행히 다 큰 딸과 다녀 정신을 못 차릴 수도 없었다. 나는 젊은 청년을 감시하고, 딸은 중년 부인을 감시하며 다닌 여행 모양새였다. 누워 있는 여인을 힐끔 지나가면서 보았을 뿐이다. 대부분 외국인 관광객이었다. 다들 조용히 물에 들어갔다가 나와서 쉬며 이국의 바다를 즐기고 있었다. 가끔 쿠바 청년이 스피커를 블루투스로 연결하여 음악을 크게 틀었으나 이마저 흥겹게 다가왔다. 평화로운 앙콘의 바다에 이색적인 풍광이 덧칠해져 몸과 마음은 제대로 풀어졌다.

딸과 나는 돗자리도 제대로 준비하지 못 해 그늘을 찾아 긴 수건을 깔고 자리를 잡았다. 물을 보면 못 참는 내가 바다에 들어가서 손가락을 적시지 않고 논 일은 가히 경탄할 만했다. 짙푸른 바다에 오랜 만에 누워서 휴식을 취할 수 있었다. 외국에서 돌아다니지 않고 바다를 찾아 쉰 일은 드문 경우다. 제주에만 가도 같은 나라인데 하늘도 다르고 물도 달라 보인 경험이 떠올랐다. 여긴 쿠바에다가 카리브 해였다. 달라도 한참 달랐고 한없이 좋았다.

쿠바의 바다는 화장실이나 탈의실도 없고 샤워실도 없어 처음에는 당황했다. 딸은 호주로 워킹홀리데이를 갔다 와서 외국 바다 사정을 이미 알고 있었다. 배낭정신이 여기에서도 필요했다, 바닷가 구석에서 적당히 갈아입고 적당히 말려서 숙소로 왔다. 올 때는 다행히 버스를 잡아 앙콘 바다의 추억을 더욱 좋게 해 주었다. 무엇보다 카리브 해를 만끽했다는 데 의의가 있었다. 이탈리아 갔을 때 지중해에 몸을 담갔고, 쿠바에 와서 카리브해에 발을 담갔다. 앙콘 해변은 틀림없는 카리브해였다.

체 게베라가 살아 있는 산타 클라라

산타 클라라는 이번 여행 중에서 가장 기대가 되는 곳이었다. 꼭 들려야 할 곳이었다. 체 게바라의 도시라고 들어서다. 체 게바라가 많이 생활해서 그렇게 불렀다고 생각했다. 가보니 체 게바라가 생활한 곳은 아니었다. 체 게바라의 유해가 있었다. 산타 클라라는 체 게바라가 1958년 12월에 정부군 병력과 무기를 싣고 가던 기차를 탈선시킨 곳이다. 이후 바티스타 독재 체제가 무너졌다. 산타 클라라에 가보면 그 당시 열차 그대로 전시해 놓여 있었다. 체 게바라 묘지와 기념관 등이 있어 체 게바라 마을이라고 안 할 수 없게 되었다. 나는 산타 클라라에서 아바나의 혁명 광장 이상의 벅찬 감동을 경험할 수 있었다. 그 이후로 미리 계획한 여행 일정에 쫓기지 않을 정도로 마음이 편안해졌다.

아비바 촘스키의 《쿠바혁명사》를 보면 1950년대에는 두 개의 쿠바가 있는 형편이었다. 고질적인 빈자와 부자 문제. 15%의 부유한 쿠바인들과 나머지 가난한 이들로 일자리가 없는 사람들, 빈농, 그리고 간신히 생계를 꾸려 간 사람들이 있었다고 한다.

쿠바공산당은 1925년에 설립되었다. 조선공산당 창립 시기와 같다. 이전에 1923년에 결성된 대학생 연맹도 있었다. 독재자인 바티스타도 협력했지만 1953년에 불법화되었다. 소련과 코민테른은 쿠바나 라틴아메리카에서 무장혁명 사상을 지지하지 않았기에 쿠바의 혁명 운동과는 거리가 멀어 보인다.

바티스타의 쿠데타 1년 후, 피델 카스트로가 1953년 바티스타 정부에 대한 공격을 시작하며 혁명을 이루려고 한 '7.26운동'은 의미가 크다. 우리나라에서 상징적인 기념일을 말하는 것처럼 '7.26운동'은 쿠바 혁명에서 중요한 의미를 지닌다. 산티아고 데 쿠바에 있는 몬카다 병영을 공격한 날이다. 거기에는 벽에 총탄 자국이 지금도 남아 있다. 당시 몬카다 병영을 160여 명으로 공격했으나 61명이 죽었다. 혁명은 피의 냄새가 날 수밖에 없는 것을 보여 준다.

이후에 '7·26운동'은 투쟁의 지도 조직이 되었다. 피델 카스토로가 감옥에서 풀려나 멕시코로 망명한 뒤에 1955년에 체 게바라를 만나게 되었다. 카스트로가 한 살 많았다. 이때 둘의 나이는 20대 후반이다. 몬카다 병영 습격 실패 후 3년 뒤에 그란마(Granma)호를 타고 쿠바로 들어와 두번째로 공격을 시도하나 82명 대부분이 죽게 된다. 이때 피델과 동생 라울 카스트로는 체 게바라와 함께 쿠바 동부의 시에라마에스트라 산악 지대로 숨었다.

이후 미국은 혁명군이 위세를 떨치기 시작할 때까지, 바티스타 정권을 계속해서 지원한다. 그뒤, 혁명군에 의해 1959년 1월 1일에 독재자 풀헨시오 바티스타는 무너지고 혁명정부가 아바나에 세워진다. 한 편의 드라마와 같은 혁명 성공스토리다. 다니다 보면 동네나 지역마다 이런 이야기의 힘이나 콘텐츠가 무궁무궁한 것을 본다. 쿠바의 기운을 발랄하면서도 가볍게만 볼 수 없는 이유가 늘 깔려있다.

간단한 쿠바 현대사를 봐도 산타 클라라 사건은 기념비적이다. 이 사건 뒤에 혁명정부가 세워진 셈이다. 내겐 쿠바 역사보다 체 게바라 동상이 더 중요했다. 쿠바 어딜 가도 체 게바라 사진을 찍을 수 있으나 원판은 산타 클라라에 있다고 생각했다. 산타 클라라가 아니면 아바나로 만족했을 것이다. 산타 클라라는 활기가 넘쳤다. 아바나와 같은 활기가 아니라 차분하면서 문화적으로 생기가 있어 보였다.

무엇보다 아우라가 도는 곳이라 좋았다. '아우라'는 원본에서 나오는 기운이란 뜻이다. 순화어는 '기품'이다. 사람은 어느 정도 아우라를 멋지게 뿜으며 살려고 노력한다. 체 게바라는 아우라의 의미를 알고 풍기려고 했는지 수염부터 모자, 담배 등등 하나같이 멋있다.

겉멋에서 오는 아우라는 짝퉁에 불과하겠지만 내겐 짝퉁이라도 좋을 듯하다. 흉내라도 내면서 살아야 짝퉁 소리라도 듣기 때문이다. 짝퉁에다 적당히 내 자체에서 풍기는 삶의 연륜과 품격을 넣으면 그럴듯해질 기회라도 있다. 산타 클라라에서 아우라를 제대로 느낀 짝퉁이라면 더 감쪽같을 것이다. 짝퉁도 가끔가다 찐보다 더 나을 수 있다. (참고로 '짝퉁'은 가짜나 모조품의 속어이고, '찐'은 진짜의 줄임말이다.)

2박 3일의 산타 클라라 현장체험학습

현장체험학습은 세상이 교실이다. 비록 짧게 다닐 수밖에 없는 처지라 급하게 보았다. 세상은 넓고 갈 데는 많다. 구경하러만 다녀도 습관에 머물지 않게 된다. 여행하며 깊이 생각하면 삶이 바뀌게 된다. 깊이 생각하지 않고 수박 겉핥기식이라도 여행은 값지다. 삶이 바뀌지 않더라도 세상을 다양하게 본다. 교실에 갇힌 지식은 사회 나가서 제대로 힘을 못 쓸 때가 많다. 성적을 올려 무조건 대학에만 보내는 일로 교사의 역할이 끝났다고 보지 않는다. 건전한 사고를 지닌 학생으로 키우는 일이 교사의 온전한 역할이라고 말할 수 있다. 세상을 개척해 나갈 수 있는 세계관을 키우지 못한 채로 대학에 가서 힘들어하는 학생들도 많이 보았다.

교실 밖의 세상에 주목해야 한다. 체 게바라의 변화도 여행에서 시작되었다. 기회 닿는 대로 여행을 하여 세상의 별을 보는 일은 자기 자신을 별로 만들기 좋은 방법이다.

한 도시에서 보통 2박 3일간 머물렀다. 학교 수학여행 다니듯 다녔다. 현장체험학습을 갔다 오면 보고서를 제출해야 한다. 산타 클라라는 현장체험 학습지로 최적지였고 보고서 쓰기도 훌륭한 곳이다.

첫날 도시에 가서 동네를 탐색하면서 쉬고 다음날 레메디우스와 체 게바라 기념관, 마지막 날에 기념관을 다시 간 뒤, 다음 장소로 이동하는 일정이 되었다. 산타 클라라 비아술 정거장에 내려서 캐리어를 끌고 까사에 가는 짧은 시간에도 느낌이 달랐다. 도시를 이동할 때마다 도시가 주는 인상이나 분위기는 다르다. 이를 느끼는 재미도 그 나름 쏠쏠하다. 산타 클라라 숙소 주인 아주머니가 친절했다. 할머니도 계셨다. 공경하듯 깍듯하게 인사했다. 느낌이 좋았다.

아바나에서 혁명광장을 꼭 가야하듯이 산타 클라라에서는 체 게바라 기념관을 들려야 한다. 첫날 산타 클라라에 도착하자마자 가지 못했다. 버스로 이동한 뒤 곧바로 돌아다니는 일은 힘들었다. 하루 일정이란 게 도착하면 식사도 해결하고 어슬렁어슬렁 다니면서 놀 거리를 찾으러 다니게 된다. 한두 군데 꼭 가야할 곳을 정한 뒤 언제 움직일까를 정하곤 했다. 잽싸게 나오지 않으면 첫날은 이동한 뒤 숙소에 잠깐 머물다 하루를 보내게 된다. 산타 클라라에서도 그랬다.

이튿날 숙소 아주머니에게 추천 장소를 들었다. 내가 관심 있어 하는 산타마리아 해변은 가는 데만 70쿡이라고 해서 접었다. 비아술 터미널로 갔다. 카이바리엔을 가는 길을 알아보려고 했다. 카이바리엔은 용인의 에버랜드에서 들었던 단어라 궁금했기 때문이다. 어디로 가려는 듯한 여행자들을 만났다. 착해 보였다. 칠레에서 온 자매였다. 서글서글한 말투와 목소리도 호감이 갔다. 그들은 우리에게 레메디오스로 같이 가자고 했다. 비아술에서 버스를 알아보다가 머뭇거리고 있는 우리를 보고 접근했다. 마땅한 대안이 없었다. 그녀들도 여행 책자를 보고 유명하다고 생각되는 곳을 찾아다니는 중이었다.

택시 한 대로 왕복하여 25쿡이면 된다고 했다. 자매는 공동으로 분담하자고 했다. 나쁘지 않았다. 카이바리엔을 가려면 어차피 레메디오스를 지나야 한다. 설득해서 카이바리엔을 들르자고 할 생각이었다. 택시를 타고 10분을 가면서 그런 말은 접게 됐다. 중간에 내리고 싶었다. 몇 번이나 차가 섰다. 덜덜거리는 차를 타는 동안 기도를 했다. 차 사고가 나지 않길 바랐다. 한 시간 거리가 두 시간 걸려서 온 것 같다. 수차례 멈춰서도 우리 모두는 아무 말도 안했다. 여행자의 품격이 돋보였다. 말해 봤자 별도리도 없어 보였다.

칠레 여행자들과 운전사의 배려 덕분에 올 때 체 게바라 기념관에 내렸다. 레메디오스에 가서 본 게 별로 없어서(?) 그런지 풀이 죽은 상태였다. 넓은 광장에 서 있는 체 게바라 동상을 보니 기분이 좋아졌다. 멋진 사진 한 장 남겨야 한다는 각오를 다졌다. 그러기엔 날씨가 도와주지 않았다. 비가 내려 우산을 들고 다니면서 사진을 찍기가 힘들었다. 우산을 던지고 나서 몇 장의 사진을 찍는 걸로 만족했다. 더구나 가고 싶은 체 게바라 기념관은 휴관이었다. 이유는 비 때문이었다. 그 당시에는 이해하지 못했다. 소장품이 훼손될까 봐 그런다고 했다. 빗물하고는 상관없다고 생각할 수 있다. 그러나 쿠바 법이 살아 있다. 존중할 수밖에 없다. 군인들이 총을 차고 지키고 있어 길게 말하면 잡혀갈 것 같았다. 독립 운동하다 총 맞는 의사가 되지는 못할 망정 문 열어 달라고 떼쓰다 총 맞는 일은 부끄러울 것이다. 빗물로 바닥이 더러워질 상태라면 영웅을 공개하는 일은 이치에 맞지 않을 수도 있다고 생각했다.

박물관의 역사적인 만남은 장소를 이동하는, 산타 클라라라 3일째에

이루어졌다. 가장 가고 싶은 곳을 마지막 날에 보았다. 그것도 산타 클라라를 떠나기 전에 부랴부랴 가서 박물관을 들렀다. 오후 한 시에는 카마쿠에이로 가는 비아술로 가야만 됐다. 애초 출발 시간이 바뀐 일도 하늘이 도운 일이었다. 원래 한국에서 예약할 때는 산타 클라라 출발이 9시 50분이었다. 갑자기 오후로 바뀌었다. 전날 안 게 다행이었다. 아침에 비아술에 가서 확인했으면 하루 종일 기다렸을지도 모른다. 이전에 트리니다드에서 산타 클라라로 이동할 때도 30분 일찍 출발해서 놀랐다. 만약 내가 일찍 가서 기다리지 않았으면 어떻게 됐을지 모를 일이다. 그래도 믿음이 갔다. 어떻게 해서든지 자리를 마련해 줄 것이라는 믿음이 있었다. 비아술에서 외국인 여행자들이 자리가 없어서 곤란해 하는 것을 많이 봤다. 예약을 하고 왔는데도 그랬다고 한다. 나는 곧이 들리지 않았다. 이동할 때마다 탈 없이 비아술 버스로 잘 안착했기 때문이다.

오전에 출발해야 할 버스가 오후에 간다는 것만을 안 사실만으로도 기뻤다. 여행을 하다 보니 점점 작은 것에 기뻐하게 되었다. 보통 버스 시간표가 바뀌어도 비아술 터미널 안내판에 붙이는 A4 복사용지 한 장으로 끝난다. 알아보기도 힘들다. 이도 못 보는 사람이 잘못이라면 잘못이라고 수긍하게 된다. 이러한 긍정적 자세는 여행이나 정신 건강에 참 좋다. 체 게바라 기념관으로 바삐 움직였다. 거기만 들려도 오늘은 성공적인 날이 될 것이라 생각했다. 간절함과 행운 속에 만나 기념관은 더욱 뜻 깊었다. 비가 그날도 왔지만 그날은 웬일인지 열었다. 쿠바법이다. 그날은 우리를 위한 것 같다. 감동이 최고조에 이른 순간이다. 기념관은 작지만 알찼다. 사진 촬영이 금지되어 머릿속에 넣어 두려고 했다. 지금 생각해 보니 체 게바라와 관련된 도구들이 떠오른다. 그리고는 별로 없는 것 같다. 그래도 감명은 깊었다. 깊어야 했다.

하루에 꼭 봐야 할 곳을 본 뒤 숙소로 가는 길은 여유로웠다. 2쿡에 말을 탔다. 가다가 담배 공장에 내렸다. 관리인이 개방을 안 했다. 공장이니 그럴 만도 했다. 그 앞에 있는 카페에 들어갔다. 안내 책자에서 소개를 하는 곳이었다. 그런 데는 들어가 줘야 한다. 들어갔다. 커피를 마시며 판매하는 커피도 샀다. 거기에서 일하는 분들도 공무원이었다. 화장실에서 대변을 보았는데 물이 안 내려갔다. 곤란했다. 도망쳤다. 직원에게 말했어야 하는데 말하기 곤란했다. 거기에서 일하시는 분의 인상이 너무 근엄했다. 커피를 마실 때나 커피를 살 때도 카페 분위기가 아니고 관공서 분위기였다. 그 사람 탓이다. 무섭게 굴면 보기도 싫고 대화하기도 싫다는 것을 알았으면 한다. 겉으로 웃는 척도 안 해 말을 더 못했다. 그날 내내 물 안 내린 화장실이 생각나 미안했고 찜찜했다.

숙소에서 이동할 작정으로 주인집 내외와 인사를 나눴다. 주인집 아저씨는 딸한테 한국 여자들은 모두 다 예쁘다고 하면서 감탄을 했다. 딸은 칭찬에 그 숙소에 더 머물고 싶어 했다. 아주머니는 한국 손님들이 처음이라고 하면서 기뻐했다. 조식도 풍부했고 훌륭했다. 우리는 이틀 동안 매일 2인분을 시켰다. 파격적이었다. 주인 아저씨와 악수를 할 때 깜짝 놀랐다. 왼손을 내밀었어야 하는데 오른손을 내밀었기 때문이다. 그는 내 새끼손가락이 부러진 것을 모른다. 붕대 감은 걸 신경 안쓴다. 가끔 나도 모르고 오른손을 내밀었을 때는 끝에만 살짝 걸치려고 시도한다. 상대쪽은 일일이 따지지 않았다. 친근감을 표시한다고 더 꽉 잡고 인사했다. 오른 손 전체를 꽉 움켜쥐면서 힘을 준다. 힘세기에 따라 친밀감을 더 강조하는 듯했다. 악수를 하면서 미소를 띠었다. 속으로 후회했다. 빨리 손을 보고 싶었다. 주인 사내에게 욕을 하고 싶었다. 에이 시~ 했다. 아, 부러지지 말아야 하는데 하면서 기념촬영을 하고 나왔다. 거기에다가 엄지손가락을 들고 기념촬영을 했다. 손가락이 부러져도 사진을 찍으면 엄지척하는 투혼의 정신이 체 게바라와 비슷하다고 생각했다.

비아술은 한 시까지 가면 되었다. 숙소에서 비아술은 20분이면 간다. 택시로 10분뿐이 안 걸린다. 간단하게 점심을 먹고 가자고 했다. 식당을 찾다가 돌다 보니 12시가 되었다. 식당을 어렵게 찾아 음식을 시켰는데 20분이 되어도 밥이 안 나왔다. 아뿔싸, 쿠바였다. 내 머리가 아직도 서울인 게 탈이었다. 밥을 먹지도 못하고 적당히 싸 가지고 나왔다. 차를 잡지도 못했다. 설상가상이다. 말 수레가 잡혔다. 내가 채찍을 더 때리며 몰고 싶었다. 다행히 비아술에 도착했다. 출발 시간 30분 전에 도착했다.

신통하다. 어렵게 생각되던 일들은 어떻게든 잘 풀렸다. 어렵게 생각하고 안달한 마음이 문제였다. 12시 30분에 도착했다. 허둥대면서 부랴부랴 왔더니 한 시에 출발한다는 버스가 1시 40분으로 연기됐다. 싸온 밥을 먹으라고 시간이 조정됐다고 생각했다. 터미널 구석에서 밥을 먹었다. 밥을 먹고 떠나게 되어 기뻤다. 여유롭게 다녀야 할 배낭 정신은 찾기 힘들었다. 그래도 이때는 밥을 봉지에 싸갖고 다니는 치열함이 대신했다. 꽉 차고 보람찬 2박 3일의 산타 클라라 현장체험 일정이었다.

국화(國花)와 항아리의 도시, 카마구에이

삶은 다 다르다. 여행의 추억도 다 다르다. 카마구에이하면 사람들은 유네스코 세계유산으로 된 미로의 거리, 카톨릭 교회, 영화관, 마르타 히메네스라는 도예가들을 떠올린다. 어떤 이는 쿠바의 민족시인 니콜라스 기옌이 태어나 자란 곳을 말하기도 한다. 체 게바라가 메고 다녔던 배낭에서 나온 시 노트에 적힌 시인 기옌이 나와서 유명하다. 시인의 고향이다. 내게 카마쿠에이는 쿠바의 국화가 제일 기억 남는다. 쿠바의 국화는 마리포사(White Mariposa)로 나비나리꽃이다. 그리고 하나를 더 꼽으면 항아리다.

산타 클라라에서 5시간여 걸쳐 버스로 도착한 카마쿠에이의 까사 주인은 교수 출신이었다. 할머니인데 딸과 둘이서 까사를 운영했다. 방에 캐리어를 놓을 때 예약 사진과 달라 실망을 주기도 했지만 꽃으로 기억되니 다행이다. 인터넷에 올린 방과 다르게 침대가 하나뿐이 안돼서 따지고 싶었지만 꾹 참고 이틀을 머무른 곳이다. 딸과 더블 룸에서 함께 자야 했다. 트윈 룸은 없었고 방을 빼려고 해 봤자 의미 없었다.

첫날 만나 방 문제로 마음이 불편했지만 와인을 한잔 씩 줘서 누그러지기도 했다. 와인을 먹고 저녁을 먹으러 나가려 했다. 친교상 간단하게 지역 관광지를 물어본 것이 실수였다. 가볍게 이 지역에서 가볼 만한 데가 있냐고 물어 봤다. 교수 출신이라 그런지 말이 청산유수였다. 거기다 다

정다감한 할머니이셨다. 우리를 봐서 반가웠던 것 같다. 지도를 폈다, 돋보기를 꼈다 벗었다 하며 설명했다. 우리는 저녁밥을 먹으러 나가야 했다. 나가야 한다는 말을 건넬 시점을 잡기 힘들었다. 딸이 스페인어로 한마디 하면 정확하게 발음을 교정해 주기까지 했다. 시간이 더 늘어났다. 무료로 볼 수 있는 호텔 전망대를 올라가는 방법을 비롯하여 긴 시간 설명을 들었으나 동네 항아리를 보러 가라는 말이 귀에 남았다. 괜히 물어보았다는 생각이 들었다.

첫날 자는데 밤새도록 악기 소리가 들렸다. 꼬박 샜다. 아침 식사를 둘이지만 1인분만 시켰다. 기분이 안 좋았기 때문이다. 식사량은 다른 까사보다 적었고 그릇도 깨끗하지 않았다. 1인분을 시킨 게 다행이었다. 다음 날은 시키지 않으리라 생각했다. 아침을 먹으면서 집 근처가 클럽이 있냐고 물어 봤다. 주인이 이번에는 짧게 대답한다. 전날 시끄러웠다고 대답만 했다.

카마구에이도 그렇게 크지 않고 다닐 곳이 한정되어 있었다. 낮에 밖을 돌다 잠시 숙소로 들어왔더니 주인 할머니가 정원에서 꽃을 보여 주었다. 쿠바의 국화라고 한다. 예의상 내가 반응을 보였더니 꽃을 몇 송이 꺾어 발음까지 따라 하라고 하면서 주었다. 마리포사했더니 입모양까지 교정해 주었다. 준 꽃을 어떻게 할 줄 몰랐다. 보는 앞에서 버릴 수도 없었다. 여행 책자에다 눌러 넣었더니 주인은 좋아하셨다. 흡족해하니 나도 좋았다.

다음날 까사 할머니가 소개해 준 항아리를 찾으러 갔다. 보여준 사진에는 항아리가 세 개가 붙어 있었다. 사람들에게 물어봐도 잘 몰랐다. 까사 할머니가 전망 좋은 곳으로 호텔 옥상을 추천하며 돈 내지 말고 올라가라고 한 것은 맞았다. 기분이 좋았다. 그러면 다른 말도 맞을 것이라며 우리는 계속 돌아다녔으나 찾기 힘들었다. 그러다 쉬려고 그늘을 찾다 보니 항아리 하나가 있었다. 생각보다 작았다. 사진으로 알려준 곳은 크고 세 개였는데, 이도 꿩 대신 닭이었다. 항아리면 됐다. 원래 가고자 했던 곳은 아니라고 생각되었지만 기념 촬영을 했다. 맞는지 아닌지 지금도 모르겠다.

낮에는 성당을 많이 다녔다. 유명한 도예가가 있는 곳을 찾아가도 옆에는 성당이 있었다. 유명하다는 영화 거리며 여행 책자에 나온 곳곳을 다녔다. 짧은 일정이라 우리는 쉬지 않고 돌아다녔고 이국적인 풍경에 셔터를 눌렀다. 모든 풍경이 새로웠고 감성을 일으켰다. 우리가 쉴 때는 식사 시간이었다.

저녁 늦게까지 돌아다니다 밤이 될 무렵 전날처럼 음악 소리가 들렸다.

음악 소리가 나는 곳을 찾아가 보니 사람이 많이 모여 춤추며 공연을 했다. 한국의 축제와 달랐다. 모두 라틴 음악에 맞춰 흥겹게 춤을 추는 게 좋았다. 도시 건립 축제일이라 밤새 공연을 했다고 한다. 끼어들어서 함께 축하해 주었다. 전자음에 맞춰 부르는 노래와 더불어 쿠바인의 율동을 다시 한번 느꼈다. 율동과 흥겨움에 솔(soul, 영혼이나 정신)을 느꼈다. 쿠바인을 보면 '브라더'라는 말이 절로 나왔다.

다음 날은 아침밥을 밖에서 해결했다. 주인집 식사에 대한 앙금이 남아서다. 낮에 이동 출발시간이 예정되어 있어 나오려는데 꽃이 보였다. 까

사 주인이 또 꺾어서 주었다. 갑자기 미안해졌다. 떠난다고 꽃을 주며 정을 표시했던 것이다. 이런 마음을 모르고 우리는 숙소에 대해서 불편하게 생각하고 우리끼리 주인 할머니께 조금 소홀히 대했다. 헤어질 때 마음에서 우러나오는 미안함과 감사의 인사를 하게 되었다.

첫날 숙소부터 만족을 못 해 내심 투덜거리기도 했다. 그분들은 최선을 다해 우리를 대했지만 우리들 사고방식이 우리나라 문화에 길들여져서 그랬다. 대접받으려고 했다. 주인은 우리 보고 인터넷에 댓글을 잘 써달라고 했다. 댓글이 여기서도 무기가 되고 있었다. 서글펐지만 여행자로서는 안전과 서비스를 담보할 수 있다. 그렇게 한다고 했다. 밥을 밖에서 먹은 게 미안했다. 쿠바 국화의 의미는 진실, 희망, 순결이라 했다. 내게는 깨끗한 마음으로 남는다. 착하시고 고마운 분 덕분이다. 나리꽃의 꽃말처럼 희다. 딸을 예뻐해 주었고 일일이 발음을 교정까지 해 주셨다. 할머니 까사 주인은 어쩌면 본인을 꽃으로 기억해 주길 바랐는지도 모른다. 지금까지 꽃을 소개한 사람은 없었다. 쿠바를 여행하면서 발음까지 국화를 제대로 공부한 사람도 없을 것 같다. 소중히 기억하고 있다. 소개해준 카마구에이의 세 항아리는 몰라도 국화 '마리포사'는 확실히 보았다. 돌아와서 정리하다 본 여행 책자에 여러 송이의 흰 꽃이 할머니의 마음과 함께 아름답게 접혀 있었다.

식물원이 살아 있는 쉼터, 바야모

바야모는 거쳐 가는 경유지 느낌이다. 바야모는 아바나, 바라데로, 트리니다드, 시엔푸고스, 산타 클라라, 카마쿠에이를 거쳐 여섯 번 이동하여 도착한 도시다. 바야모를 다녀간 한국인들은 많지 않을 것이라 생각했다. 아바나와 멀리 떨어져 있고, 특별히 유명한 볼거리가 드러나 있지 않아서다. 계획으로는 체 게바라와 피델 카스트로가 게릴라 전투를 했던 곳을 방문하고 싶어 잡아 놓았는데 실제로 와보니 그곳은 일정이 조금 부족했다. 숙소도 어그러지는 것 같아 단념하게 되었다. 편하게 돌아다니는 자유 여행은 우연히 기대와 다르게 일어나는 경우가 많았다. 우리는 동네를 어슬렁거리며 주민들의 활기찬 아침 시간과 쿠바의 전형적인 마을을 느꼈고, 쿠바의 식물에 대해 공부하며 숲과 나무 속에서 치유의 시간을 가졌다.

특별히 바야모는 1902년 제정되어 지금까지 국가로 부르는 '바야모의 노래'에 나오는 지역이다. 국가에서 짧게 1절만 소개한다.

1절
바야모의 사나이들이여, 전투에 서두르라,
조국이 그대를 자랑스럽게 보고 있도다.
그대여 영광스러운 죽음을 두려워 말라.

그 이유는 희생이 조국을 살릴지니.

(후렴)

쇠사슬에 묶여 사는 것은

치욕과 굴욕에 묶여 사는 것일지니.

클라리온의 외침을 들어라,

용기있는 자들이여, 전장으로 서둘러라!

국가의 가사가 혁명의 나라답게 전투적이다. 여기에 나오는 전투와 커다란 역사적인 사건을 통해 독립 영웅들을 살펴보는 일은 흥미롭다.

쿠바의 투쟁 역사는 콜럼버스가 쿠바섬을 발견한 뒤, 1511년 에스파냐인들이 들어왔을 때부터 시작된다고 한다. 에스파냐인들이 쿠바 전 지역을 정복하고 식민지 체제를 확립했으나 계속해서 쿠바의 투쟁은 이어진다.

특히 쿠바의 독립 전쟁은 보통 1868년 세스페데스부터 시작되었다고 본다. 세스페데스는 1868년 10월 20일 바야모를 점령하고 노예제 폐지를 실시한 인물로 쿠바 역사에서 무척 중요하다. 그 뒤를 이은 마세오는 농부의 아들로 태어나 스페인군을 물리치며 중장까지 올라간 완벽한 장군이다. 쿠바 독립 전쟁에 500회 이상 참여했다고 하며 1896년 전사한다.

1895년 쿠바 혁명당을 결성한 호세마르티는 부모가 모두 스페인이기에 백인 독립운동 지도자이기도 하다. 호세마르티는 스페인에 대항하고 독립운동을 하다 전사했다. 위대한 시인이면서 쿠바 독립의 아버지

로 불린다.

세스페데스, 마세오, 마르티 세 사람은 쿠바 독립의 영웅적 지도자다. 이들의 독립 투쟁 역사가 바야모의 노래에 면면히 흐른다고 생각된다. 이후 1898년 에스파냐의 전쟁을 거쳐 미군 군정 후 1902년에 완전 독립을 이룬다. 후에 친미 정권 바리스타를 물리치고 1959년 혁명에 성공한다.

바야모의 플라자인 '혁명광장'은 의외로 조용했다. 시내로 나가야 활기찼다. 바야모에서 고민을 많이 했다. 근처에 있는 '코만단시아 데 라 플라타'에 꽂히게 되어서다. 혁명 사령부라 가고 싶었다. 가려면 이틀이 소요되었다. 가고 싶지만 가면 미리 계획한 일정이 다 틀어져 많은 고민을 했다. 결국 일정을 바꾸지 못했다. 짐도 그렇고 숙소도 크게 차질이 생기게 되기 때문이었다. 다음으로 남겨 두었다. 갖고 다니는 짐을 갖고 이동

을 하기에 힘들었다. 한번에 어떻게 가고 싶은 곳을 다 갈 수 있겠냐고
도 생각했다. 이번 여행은 쿠바 분위기만 느끼는 걸로 만족하자고 했다.

바야모는 동네가 작아서 금방 돌았다. 우리는 당일 여행 일정을 숙소
아주머니가 추천한 장소로 잡았다. 길을 나섰지만 찾기 어려웠다. 돌아
다니면서 아침 요기 거리를 찾다 보니 금방 점심이 되었다. 간이 버스 터
미널로 갔으나 목적지로 가는 버스를 찾지 못했다. 터미널에 있는 현지
인들에게 목적지인 '보타닉 가든'과 운송수단을 알아보았으나 해결하지
못했다. 기본적인 스페인어를 안 배우고 온 걸 후회했다. 현지인들과 영
어로 소통하기가 힘들었다.

버스를 찾을 수 없었다. 동네 사람들과 한참 손짓 발짓을 해도 안 됐다.
배낭정신이 무너졌다. 안 통하는 것은 안 통한다. 길가에서 현지인과 영
어로는 소통이 안 된다. 터미널 주변을 돌아다니다 택시를 잡았다. 점잖
게 생기신 운전사였다. 다행히 장소를 알고 계셨다. 식물원까지 15쿡에
왕복해 주기로 했다. 관광객으로서는 적당할 것 같다. 하루 시간을 보낼
만한 장소로 적절했다.

택시를 타고 한참을 갔다. 거리상 15쿡을 줘도 아깝지 않았다. 운전사
가 식물원을 보고 올 때까지 기다려 주기까지 했다. 그분은 보름치 일당
을 벌었는지 모르겠지만 우리는 고마웠다. 번잡한 시내를 벗어나서 잠
시나마 쿠바의 식물에 대해 배운 시간이었다. 가이드가 처음부터 끝까지
설명해 주었다. 쿠바를 상징하는 나무에 대해서 배웠다. 꽃과 나무는 항
상 평온함을 준다. 한국에서 일부러 식물원을 찾으러 가는데 쿠바에서도

제대로 된 식물원을 경험했다. 처음부터 끝까지 가이드가 설명해 준다. 식물원을 전세 낸 듯 사람도 없었다. 클럽이나 해변가로 가지 누가 식물원에 오겠느냐는 생각이 들기도 했다.

문득 몇 년 전에 가족들과 오끼나와를 간 게 생각이 났다. 그때도 하루나 걸려서 맹그로브 숲을 찾으러 갔다. 지역 특유의 생태숲을 배워야 한다고 갔는데 가다 보니 반나절이 족히 넘었다. 누가 가족들을 데리고 오끼나와에 가서 맹그로브 숲을 찾으러 가겠느냐는 생각이 들만했다. 흔히 가지 않은 곳을 가서 기억에 남았다. 일본 현지인들도 찾아가지 않을 장소였다. 나이들어 점점 꽃과 식물에 대한 관심보다 유흥 거리에 몸이 움직여 억지로라도 교육적인 장소를 찾게 되었나 보다. 노는 게 재미가 있어야 하지만 의미를 더하면 더 좋은 여행이라 생각했다. 그런 의미에서 바야모의 식물원은 의미가 있었다. 가이드가 설명해 준 내용을 잘 몰라도 스페인어를 배우는 시간으로 생각하니 더없이 좋았다. 우리나라에서 발간된 쿠바여행 안내 책자에는 일정이 빠듯하면 바야모는 건너뛰라고까지 했다. 주관적 감상을 경계할 필요도 있다. 어디든 여행을 하고 나면 안 좋은 곳이 없었을 텐데 그렇게 적혀 있었다.

다음에 올 때는 산토 도밍고에서 하루 묵고 피코 투르키노 등반을 하겠다고 메모했다. 다시 올 수 있을는지 모른다. 시간도 없고 안 가본 데가 많은데 또 올 수 있겠냐는 생각도 든다. 그리움만 자랄지 모른다. 그래도 계획하고 꿈꾸다 보면 기회가 올 수도 있을 것이다. 다시 올만한 매

력을 지닌 곳이니 올 수 있을 것이라 생각한다. 쿠바가 곧 개방을 해서 많이 변하게 될 테니 변화된 쿠바를 다시 보러 오는 것도 의미 있겠다고 생각했다.

여행한 곳 모두가 아름다웠고 멋있지만 쿠바만큼 매력 있는 나라도 없었다. 두 번 와도 아깝지 않을 정도로 매력 있는 나라로 남는다. 바야모를 포함해 그 어느 한 곳도 새롭지 않은 데가 없었다. 여행 중에는 여유가 없어 그들의 역사와 현실까지 느끼지 못한 채로 돌아다녀 미안하기도 했는데, 여행을 갔다 오면 그 나라에 마음의 빚을 지는 것처럼, 쿠바에게 받은 기쁨과 행복을 기회가 되면 쿠바에 다시 되돌려 주고 싶다. 쿠바에 못 주면 지구의 평화를 위해 벽돌 하나를 쌓겠다고 다짐해 본다

산티아고 데 쿠바의 뜨거운 사랑

산티아고 데 쿠바는 쿠바의 제 2의 도시이다. 스페인 식민지 때 수도이기도 했다. 산타 클라라가 체 게바라의 도시라면 산티아고 데 쿠바는 피델 카스트로의 도시다. 도시에 들어갈 때부터 카스트로의 초상화가 걸려 있었고 시청 옆 중앙 플라자는 사진전을 했다. 카스트로의 대형 사진이 공원 주변으로 걸려 있다. 카스토로의 도시라고 불릴 만했다.

이곳에서 카스트로가 태어났고 유년과 학창시절을 보내기도 했다. 1953년 7월 26일, 27세의 피델 카스트로가 동생을 포함하여 대원들과 함께 몬카다 병영을 습격한 곳이기도 하다. 또 쿠바 혁명의 성공을 선언한 도시이기도 해 의미가 크다.

전투와 혁명을 통해 이룬 국가라서 그런지 이동하는 지역마다 간간히 보이는 조형물은 낯설면서도 신선한 느낌으로 다가왔다. 기념탑은 전쟁을 인식하기 좋은 도구다. 유홍준 교수가 보기 싫다고 한 뽈대도 생각났다. 쿠바는 뽈대보다 인물 동상이 대신하는 것 같다.

숙소에서 나와 길예르몬 몬까다 야구장에 들러서 점심을 해결했다. 점심은 아침 식사 때 챙겨 넣은 빵과 생과일 쥬스였다. 점심까지 해결할 때가 많을 정도로 까사에서 주는 아침 식사의 양은 쏠쏠했다. 빵을 넉넉하게 주고 주스도 양이 많았다. 챙겨서 갖고 돌아다니다 먹으면 든든했다. 야구장 벤치에서 먹는 맛도 일품이었다. 야구선수들은 몸을 풀고 있었

다. 일하는 사람들은 길 공사며 청소에 한창이었다. 유명한 쿠바 야구를 보면 좋았겠지만 그날은 경기가 없어 아쉬웠다. 한 팀이 훈련하는 모습을 보는 것으로 만족했다.

길예르몬 몬까다 야구장에서 5분 정도만 걸어가면 산티아고 혁명광장이 나온다. 멋졌다. 솟아난 23개의 칼날과 말을 타고 있는 조형물이 드넓은 광장을 압도하고 있었다. 혁명은 광장이 필요한 것을 알 수 있다. 멀리서 관리사무소 청년들이 놀러 오라고 손짓하고 사진 찍어 준다고 했다. 경계심을 풀지 않은 상태여서 놀러가지 않았다. 우리가 사진 찍고 있는데 사진 찍어준다는 친절을 받아들이기 힘들었다. 젊은이들이 춤추면서 서로 노는 모습에 익숙하지 않았다. 우리 눈에는 동네 불량배로 보였다. 우리에게 배낭 정신이 부족했는지도 모른다. 배낭 정신이 좀 더 투철했으면 현지인들과 과감히 놀았어야 했는데, 둘 다 겁이 많은 게 탈이다. 그래도 여행에서 살아서 돌아가려면 가끔 배낭 정신은 버릴 필요도 있다고 합리화한다.

말을 타고 있는 인물은 앞서 얘기했던 안또니오 마세오라는 사람이라고 한다. 스페인에 저항한 독립 전쟁 영웅이다. 이 지역 출신이라서 세웠다고 한다. 쿠바의 역사는 1896년 전사하기까지 타협하지 않은 장군을 역동적으로 세워 놨다. 미국의 개입 이전까지는 스페인과의 독립 전쟁이 크다. 우리나라 역사로 보면 독립협회의 활동이 보이는 시기다. 우리는 어떤 특별한 인물을 이렇게까지 내세우지는 않는데 쿠바다웠다.

건너편 건물에도 커다랗게 얼굴을 그려 놔서 관심을 끌게 한다. 이 나라 학생들은 역사 시간에 인물 외우느라 고생하지 않을 것 같다. 길가나 공원에 있는 동상을 하도 봐서 저절로 알 것같다. 나는 조각상이나 얼굴을 분간하기도 힘들었다. 그 사람이 그 사람 같은데 다 다르다고 하니 그런 줄 알 따름이다. 에레디아 극장이었다. 건물도 교육의 일환으로 칠판이 되어 후안 알메이다라는 혁명 때 지휘관의 얼굴을 그려 놨는데 인상적이다. "Aqui no se rinde nadie (여기서 누구도 항복하지 않는다.)"라는 문구 또한 멋지다. 평범한 아저씨 같은 사람이 쿠바 혁명의 영웅으

로 권력 3위였다고 한다. 길가는 행인에게 몇 번이나 물어봐서 알았다. 우상화든 존경심이든 세뇌가 안 될 수가 없겠다고 생각했다. 교육은 반복 학습이 최고임을 입증한다.

극장에서 살사춤도 추고 공연도 해서 다양하게 즐길 수 있다고 한다. 볼 엄두를 못 내고 다음 목적지로 발길을 돌렸다. 몬까다 박물관부터 여러 박물관도 많고 모로 요새까지 갈 데가 많았기 때문이다.

극장 건물을 찍는데 그 앞에서 젊은 남녀가 양산을 든 채 키스하고 있었다. 순간적으로 휴대폰을 들어 찍었다. 멋진 장면이었다. 사랑의 모습은 마음을 늘 들뜨게 한다. 독립 영웅 덕에 자유롭게 연애도 할 수 있다고 생각했다. 쿠바의 젊은 남녀들은 사랑도 절대로 항복하지 않을 듯하다.

연인의 사랑도 혁명적으로 잘 이어지길 바랐다. 젊음의 특권은 사랑이다. 혁명도 사람답게 살고, 사랑을 누리기 위해 존재하는 것이다. 문득 한국의 젊은이들이 떠올랐다. 사랑을 잃어버리고 있는 듯한 세대 같아서다. 그들의 몫으로 돌리기엔 가슴이 아프다. 이들에게도 사랑을 찾기 위한 혁명이 필요할 것 같다.

땅끝 마을, 바라코아

바라코아는 멀다. 쿠바의 최남단에 있다. 산티아고 데 쿠바에서 바라코아는 버스로 6시간 걸렸다. 예상보다 한 시간 더 걸렸다. 카마구에이에서 바야모까지 7시간 동안 버스를 탈 때보다 훨씬 좋았다. 이동 거리가 한 시간이 짧아서가 아니라 차창 밖 풍경이 좋았기 때문이다. 바라코아는 쿠바 남단에 자리잡혀 있어 많이들 포기한다. 너무 멀기 때문이다. 그래도 비아술 버스에는 빈 자리가 없었다. 모두 외국인이었다. 사대주의적으로 생각해서 그런지 몰라도, 외국인 관광객들이 몰려다니는 데는 그나름 이유가 있어 보인다. 멀어도 갈만한 곳이다. 예의상 갈만한 곳이라 말한다. '강추'해도 표현이 지나치지 않은 곳이다.

바로코아는 관타나모 주에 있는 시다. 탐험가이면서 침략자의 얼굴을 지닌 콜럼버스가 1492년 처음으로 떠난 항해에서 만나 극찬한 땅이 바라코다. 바라코아는 '바다가 있다'라는 뜻이다. 버스가 관타나모 시를 지나 도착한다. 관타나모는 쿠바의 미 해군 기지가 있는 곳이다. 1898년 스페인과 전쟁에 승리한 이후 미국이 개입하여 조약을 맺은 뒤로 수용소를 비롯한 여러 문제를 해결하지 못 하고 있다. 우리가 알고 있는 '관타나메라'라는 노래도 '관타나모의 여인'이란 뜻으로 이 지역을 배경으로 하고 있다. 관타나메라는 음률도 정겹지만 "죽기 전에 바라는 것은 내 영혼의 시를 써 내보이는 거예요"라든지 "이 땅의 가난한 사람들과 나의 행운을 나누고 싶어요."와 같은 주옥 같은 가사가 마음에 들었다. 이러한 가사가 국민음악이라는 데 놀랍기도 했다.

바라코아는 크지 않다. 관타나모를 지나면 보이는 바닷가를 끼고 있는 작은 동네다. 숙소에서 나가면 사람들을 하루에 몇 번씩 마주치기도 했다. 밥 먹다 만나고 차 마시다 만나고 춤추다 만난다. 모이는 플라자도 한 군데고 음식점도 플라자를 중심으로 해서 모여 있다.

한적하고 옹기종기 정겹다. 쿠바에서 체험하고 싶은 살사 춤 강습도 있어 참여했다. 진작 배워 오랫동안 춤추다 가도 좋았을 텐데 강습 시간이 며칠 안 돼 조금 아쉬운 마음이 들기도 했다. 낮 일정에 참여한 유무리 강 투어도 알차고 저렴했다. 여행하는 느낌이 드는 곳이다. 외국인 여행자들과 부딪치는 게 가장 많아 해외여행 온 분위기가 물씬 드는 곳이기도 했다. 외국인들과 춤을 출 때도 함께 췄고, 하루 유무리강 투어를 함께 다녔다. 폴란드, 덴마크, 독일, 프랑스 등 많은 사람들과 인사를 나누고 함께 다니며 즐겼다. 프랑스 여행자들은 산티아고 데 쿠바에서 만나 더욱 반가웠다.

다니다 보니 쿠바 여행의 동선이 비슷한 사람들도 꽤 많았다. 보통 산티아고 데 쿠바까지 온 뒤 거꾸로 아바나에 가기도 한다. 우리는 공항이 있는 최남단 바로코아까지 왔다. 우리나라로 말하면 땅끝마을이다. 여행의 종착역이 된 셈이다. 한국에서는 산티아고 데 쿠바로 먼저 온 다음 아바나로 올라가는 코스를 할 생각도 했다. 바라코아를 빼려고 했다. 바라코아의 정취를 못 느낄 뻔했다.

아바나에서 바라코아까지 긴 시간의 버스 이동을 했다. 구간마다 낮에 타서 피곤함은 덜했지만 장거리 이동이었다. 과거 여행 때는 밤 버스를 이용했다. 이동 시간과 숙박비를 절약하려는 방법이었다. 이번에는 택하지 않은 게 좋았다. 야간 버스 서비스도 그리 좋아 보이지 않았다. 교통비도 더 아낄 수 없을 정도로 아꼈다. 20쿡 안팎이었던 비아술 버스가 적절했다.

큰맘 먹고 바라코아에서 아바나를 갈 때는 비행기를 이용했다. 장장 150쿡이 되어도 버스로 올라가기엔 시간적으로나 체력적으로 너무 힘들었기 때문이다. 버스로 올라가려면 바라코아를 오지 말아야 했다. 아바나로 가는 비행기는 50석 정도 된다. 볼펜으로 써서 좌석 번호를 줬다. 놀랍다. 쿠바인을 비롯해 관광객이 많이 보였다. 공항이라 봤자 큰 버

스 정거장이라고 생각하면 된다. 비행기가 뜨고 내리는 정거장이다. 입구도 간단하다.

 안타깝게도 몇 달 뒤, 5월 18일에 아바나에서 올긴으로 가는 항공기 사고가 났다. 110명이 죽은 대형 사고였다. 비행기 사고는 발생하면 거의 전원 사망이다. 우리가 쿠바에서 한국으로 귀국한 뒤 3개월이 되어서다. 애도를 표했다. 돌아보니 늘 사고가 뒤따르는 여행길에서 하루하루 기적처럼 지냈다. 여행은 생존해서 귀가하면 성공이란 말이 새삼 다가왔다. 무턱대고 여행을 다녔지만 갈수록 기도하는 심정으로 다니게 된다. 여행독이 풀려 가는지도 모른다.

4부

서성이며 본 길거리 풍경

동네 골목길

"한 달에 우리는 대부분이 몇만 원뿐이 못 번다고.
우린 궁핍한 나라야. 한국이 부러워.
북한 공산주의 체제보다도 낫잖아."

골목길에서 만난 젊은 친구는 거침없이 얘기했다. 한 장의 사진을 함께 하고 헤어졌다. 숙소인 까사를 나오다가 동네 골목길에서 만난 친구다. 외국에서는 모든 사람이 친구다. 스페인어로 '아미고(amigo)'다. 짧게 만났지만 그의 푸념은 길었다. 우리나라에 있는 희망이 쿠바에는 없었다. 우리나라는 여러 가지로 힘들어도 경제적으로 성장한 안정감이 있다. 지금 쿠바는 불안하다. 앞서 쌓은 자부심보다 빈곤을 걱정하는 젊은이의 물음에 답해야 하는 고민에 서 있다. 세계가 부러워하는 의료와 교육의 무상 제도에도 불구하고 국민들은 배고프고 불만이 쌓여 있었다.

노동자 월급이 30달러이고, 의사 월급이 50달러 수준에 머물러 있기까지 한 적도 있었다. 어떻게 이들의 욕망을 채울 수 있을까? 쿠바는 힘들다. 평등한 국가라 하지만 소득이 낮다. 말만 평등국가지 불평등 국가로 넘어 갔다. 세상의 양 이념은 사라져 설득력이 없고 양극화만 문제가 되고 있다. 미국의 봉쇄도 하루 빨리 풀려 개방을 도와주길 기대하고 있었다. 큰 변화를 원하는 기운이 동네 골목에서 꿈틀거리고 있었다.

예술이야!

골목길 어귀에 건물이 있고
그 앞에 전봇대가 서 있다

건물과 전봇대에 입힌 색의 균형에
저절로 눈이 간다

미사일과 비둘기를 그린 동네 벽화도
걷는 이들을 연출하지는 않았을 것이다

골목에서 만난 사람들

골목길을 가다 보면
벽에서 사람이 불쑥 나와
깜짝 놀란다

한 길 담벼락에는
점잖은 인물이
지켜보고 있다

자존심으로 삶을 일으키고
연대의 힘으로 세상에 맞선 이들이

스스로 꼬리를 내리고
자기 벽 쌓기에 골몰하는 이들에게

골목길로 오라고 한다
길가로 나오라고 한다

인포투르(Infotour)

　인포투르는 관광 정보를 알려주기에 좋은 관광 안내소다. 사실적인 정보를 구하기 좋다. 인포투르는 스페인어를 못하더라도 그나마 영어를 조금 할 줄 알면 편하게 동네 관광을 물어볼 수 있는 곳이다. 여행하다 어느 정도 날이 지나니 인포투르가 보였다. 초기에는 무작정 목적지만 챙겨 다니느라 보이지도 않았다. 관광 일정에 대한 정보를 얻는 경로는 첫 번째로 여행 책자였다. 서울에서 두 권이나 사 갔다. 두 번째로 까사 주인이다. 숙소에서 친교상 물어봐도 좋았다. 세 번째로 가보는 곳이 인포투르였다. 잘 활용하면 좋은데 시간이 남아야 갔다.

　인포투르에서 무료로 지도를 얻고, 물도 마실 수 있고 제법 친절하게 안내받을 수 있다. 마냥 편하게 질문할 수는 없는 것도 알아야 한다. 공무원이 일하는지라 조금 사무적인 분위기에 눌린다. 그래도 인포투르가 보이면 마음이 편했다. 아쉬운 대로 마음 편히 들어가서 이것저것 물어보았다. 쉼터로 무척 좋았다.

　나는 인포투르에서 나온 정보의 개념을 정의에 대비에 생각했다. 정보를 누가 쥐고 있느냐에 따라 좋은 조건을 만든 것을 보았기 때문이다. 정보를 얼마나 지니고 있느냐가 현대 권력의 기준이 될 수 있기 때문이다. 정보를 공개하지 않고, 자신들이 유리한 데로 이끌고, 수동적 인간을 만드는 상황을 많이 겪어서 그렇다. 정의란 '지배계급의 이익을 대변하는 것이고 곧 강자의 이익'이라고 한 플라톤의 논리가 뒷받침해주고 있다. 정보가 지배계급의 이익을 대변하는 것과 마찬가지다. 일부의 정보를 안 뒤, 자신들이 방향을 재단하고 갈 길을 던지는 형식으로 운영되는 조직은 그래서 바람직하지 않다. 하향식, 수직적 조직의 병폐를 고치지 않고서는 그 집단의 발전은 요원하다.

여행에 대한 정보를 얘기하다가 너무 나간 것 같다. 여행지에 대한 정보도 사실과 견해가 있다. 누구에게나 똑같이 다가갈 수 없다. 여행지에 대해서 좋고 나쁨은 저마다 다르다. 올바른 정보를 분별할 수 있는 판단력은 여행자의 몫이라고 본다.

말레콘이 주는 평화

도시 한 켠 바다가 있고 사람들은 방파제를 찾는다. 뜨거운 햇살만 없으면 방파제로 불리는 말레콘에 사람들은 더욱 몰려든다. 곳곳에 낚시나 산책을 하거나 데이트를 한다.

아바나의 말레콘은 아바나에서 반드시 들르는 코스다. 쿠바 현지인들이 나와서 저녁을 보내기도 하지만 아바나에서 한국 사람을 가장 많이 만난 곳이기도 하다.

나와 딸이 같이 다닐 때 한국 사람들이 깜짝 놀라는 모습을 보았다. 부부 사이인 줄 알았다고 한다. 딸과 다니는 아빠로 생각하지 않았다고 한다. 딸은 조금 기분 나쁠 것 같기도 하지만 웃으면서 대응했다. 모녀로 다니는 경우는 봤어도 부녀로 다니는 모습은 많지는 않았다. 그만큼 우리는 특별한 여행을 하고 있고, 그만큼 더없이 소중했다.

걸으면서 헤밍웨이의 《노인과 바다》에 나온 아바나의 불빛을 얘기했다. 《노인과 바다》에는 산티아고 노인이 자신이 바다로 얼마만큼 떨어졌나를 따지는 장면이 나온다. 헤밍웨이는 아바나 말레콘 한 켠에 있는 항구부터 말레콘 길을 많이 걸었을 것이다.

말레콘에서 딸과 산책하며 태양이 도망간 바다를 바라보았다. 헤밍웨이가 바다로 나가기 위해 배를 묶어 놓은 곳도 추측해 보며 말레콘을 걸었다. 가끔 생각한다. 노을이 있고, 음악을 들으며 사랑하는 사람과 걸으

면 그 무엇이 더 필요할지. 딸과 함께 헤밍웨이가 있던 말레콘을 걸을 때
나는 원하는 것이 더 없었다. 마음이 평화로웠다.

남쪽 끝 해가 좋아
바다는 자리를 내주었네

어쩔 줄 몰라 사람은
둑을 쌓아 사랑을 속삭이네

해가 바다로 몸을 숨길 때
밀려난 구름은 향기를 남기고

마음에 번지는 사랑을
간직하려고 우리는 걸었네

음악이 흐르는 카페

음악이라도 들어야
지친 마음이 위로를 받지

책은 없어도 살지만
음악이 없으면 죽을 것 같아

음악이 흘러나오는 카페에
홀린 듯 몰려다녔어

카페 어느 곳을 가도
입과 귀와 마음이 달콤해져서

아이들은 뛰놀아야 한다

쿠바는 모든 사람들의 평등한 교육을 위해 사립학교를 폐지한 나라이다. 무상으로 교육을 하는 학생들을 볼 때 자본주의에 물든 여행객은 공감하기 힘들다. 우리나라는 초·중·고 학부모 98%가 자녀에게 사교육을 시킨다는 통계가 있다. 교사의 능력을 못 믿고 공교육을 불신하는 이유에는 대학 서열화와 학벌주의가 깔려있다고 했다. 개천에서 붕어도 살 수 있는 나라가 아니라 용만 살려고 발버둥 치고 있다. 그러니 과거 고액의 연봉을 준다는 메이저리그의 유혹을 떨치고 조국에서 야구를 가르치며 사는 게 행복하다는 쿠바인을 이해할 수 없다. "별 수 없어. 돈 앞에 넘어가지 않는 사람이 어디 있겠어."라는 자조 섞인 말은 연대와 협력 앞에서 무너질 게 뻔하다.

쿠바의 학생들도 좋은 학교에 들어가기 위해 경쟁을 하기도 한다. 일반적인 국가와 차이점은 좋은 학교에 들어가서 성공한 뒤 나라와 사회를 위해 베풀고자 하는 점이다. 한 아이에게 5천만 원 이상을 쏟아부으면 이를 뽑으려고 혈안인 나라와는 사고의 기본이 다르다. 쿠바는 심지어 라틴아메리카 의과대학이라고 주변 국가의 어려운 학생들을 무료로 가르쳐 의사로 키운다고 한다. 인간의 존엄성을 배우며 봉사하려는 의사의 모습은 평범하면서도 이해하기 힘든 모습이다.

동네 아이들은 어디서나 자유롭게 뛰어놀고 있다. 이들에게 학원이 뒤

따른다고 생각하는 일은 어렵다. 자유롭게 노는 게 그들의 일인 듯했다. 교육이 무상이라 배움에 있어 지나친 경쟁이 없다. 못 사는 사회주의 국가인데도 해내고 있다.

　조금만 둘러보면 교육과정의 초점이 공부가 아니라 남과 친하게 지내는 시민이 되도록 하는 나라가 자본주의에도 있다. 남들과 경쟁하는 프로그램이 하나도 없다. 중학교, 고등학교도 공짜다. 영국의 이야기다. 영국이 복지 사회를 만든 해가 1948년이었는데 그때 1인당 국민소득이 1만 달러도 되지 않았다는 사실에서 더 놀란다. 지금은 영국도 여러 부분에서 많이 바뀌었다고 한다. 하지만 3만 달러가 되는 우리는 지금에서야 고등학교 무상교육을 논하고 있으니 얼마나 공공성과 복지의식이 취약한지 알 수 있다.

　우리 국민은 문제를 개인적으로 돌파하려는 성향이 강하다고 한다. 교육 문제도 평등하게 받는 학교 교육에 만족하지 않는다. 사회 시스템이 그렇게 되어서 학부모를 탓할 수도 없다. 질병 하나도 국민건강보험에 포함시키면 되는데 민간보험으로 대응하려고 한다. 이도 똑같다. 세금을 많이 내야하고 재원이 부족한 현실도 있지만 국민들이 경쟁적으로 각자 대비하고 각자만 잘살겠다고 하는 성향도 크다고 본다. 연대의식이 부족함을 절감하게 된다. 나도 생각은 그렇지 않지만 각자도생의 준비를 해나가지 않으면 안 될 절박한 사회 현실에 막히고 만다. 이렇게 만든 정치 탓을 하게 된다. 정치도 내가 만드는 줄도 모르고.

　초등학생들은 뛰어다니고 놀러 다녔다. 학원에 돌아다닐 때인데 아이들은 함께 떼지어 돌아다닌다. 남자아이, 여자아이 구분도 없이 자유롭다. 해맑은 어린이들이 쿠바의 미래를 잘 이끌 것이라 생각했다. 복지 국가 영국이나 사회주의 국가 쿠바나 다 문제가 생기고 많이 변했겠지만 그 기본 방향이 부러웠다.

　우리도 우리 나름대로 열심히 노력하고 있는 것도 안다. 우리의 교육으로 세계에서 상위의 경제력을 갖고 인재를 키워 낸 점을 경시하는 것은 아니다. 좀 더 지속가능한 교육을 걱정하기 때문이다. 부지런히 지식을 넣어 주기 위해 애도 써야지만 아이들을 놀리고 함께 사는 법도 가르쳤으면 좋겠다. 건강하게 잘 놀고 즐겁게 생활하면 좋지 않은가? 반세기의 교육 현실을 봐도 학습이 노동이 되고, 편 가르기 수단의 공부가 계속되는 것 같아 걱정된다.

　아, 교육 얘기를 하다 투덜대니 무언가에 불평하고 반대하는 사람이 아니라 늘 무언가를 찾는 사람, 에르네스토, 바로 체 게바라를 찾게 된다.

관용과 자유의 교회

"종교는 우리 인간이 이 세상을 사는 동안, 그리고 죽은 후에도 행복하기 위해 만들어졌다. 내세에 행복한 삶을 맞이하려면 어떻게 해야 할까? 올바르게 살아야 한다. 그렇다면 현세의 삶을, 우리 인간의 비뚤어진 본성이 허락하는 범위 안에서 행복하게 누리려면 어떻게 해야 하는가? 관용을 알고 베풀 줄 알아야 한다." 볼테르의 《관용론》에 나오는 말이다. 《관용론》의 주제는 편협한 신앙심에 대한 비판과 인간 정신의 자유에 대한 옹호이다. 종교가 인간의 자유를 억압하고 행복을 방해하는 일들을 1762년 칼라스 사건을 통해 고발한다. 아들의 자살을 신교와 구교의 갈등 때문에 아버지인 칼라스가 살해했다고 판결한 사건이다. 볼테르가 개입하여 칼라스가 처형된 지 3년이 지나서야 '칼라스의 누명'을 벗겨 주었다. 거룩한 신앙심도 지나치면 범죄를 일으킨다는 사실을 상기시킨다.

볼테르는 인간은 자유로운 존재이므로 무엇을 믿거나 믿지 말아야 할 의무는 없지만, 신념의 자율적 행사는 공공의 질서와 안녕을 해치지 않는 범위 안에 한정되어야 한다고 주장한다. '관용론'이 종교에서 나와 의외였지만 요즘 우리나라 일부 개신교의 그릇된 모습을 보니 관용이란 단어가 종교에서 일어날 만도 하다고 생각했다. 종교가 그릇된 확신범들을 양산하여 세상을 맑게 하지 못하니 안타깝기만 하다. 저마다 믿는 하나님이 최고고 저마다 주장하는 정의가 바르다고 외쳐대는 이들을 하나님이 편안히 생각하시지는 않을 것이라 본다.

하나님의 모습은 믿는 사람 수만큼 다를 수 있다. 하나님이 주는 평화와 사랑을 받기 위해서는 관용이 필요해 보인다. 예수님은 사람을 주눅들게 만들지 않으셨다. 당신의 자녀로 삼을 만큼 가장 소중한 존재로 여기셨다. 복음은 사람을 살린다. 그런 복음이 사람이 겸손하게 하고 타인을 사랑하라고 했다. 친구를 위하여 희생하는 것보다 더 큰 사랑이 없다고 가르쳐주셨다. 타인에 대한 관용은 자신의 희생 위에 선다. 그러니 사랑은 관용의 또 다른 이름과 동일하다. 그 관용, 사랑에는 편협한 신앙심에 대한 비판이 포함되고 있다는 사실도 알아야 한다.

과거 젊은 시절에는 심판의 하나님을 찾았다. 불의하고 탐욕이 많은 이들에게 벌주는 하나님을 생각했다. 내가 믿는 하나님은 종로5가 기독교 회관의 하나님이었다. 하나님 위의 하나님이 당위적으로 임재하길 간구한 믿음이었다. 젊었기에 의를 구하려 애쓴 삶이었다. 볼테르의 입장에서 보면 진작부터 내세에 행복한 삶을 맞이하기 위해 준비한 삶이 되었다. 하나님께서 못된 자를 심판해 주시길 기도했다. 지금은 관용을 많이 생각한다. 관용을 배워 현세에서도 행복을 누리고자 하는 것은 아니다. 부족하지만 정직하고 바르게 사는 이에게 복 주시는 하나님을 찾는다. 벌주시는 하나님보다 복 주시는 하나님을 생각한다. 죄인에게도 괜찮다고 하시는 관용과 용서의 하나님이시다. 그렇지 않으면 부족한 내 자신이 구제받기는 힘들 것 같기도 하고, 또 한편으로 어쩌다 보면 내 삶을 괜찮게 생각하는 관용의 하나님을 만날 수도 있으리라 생각도 하기 때문이다.

쿠바로 눈을 돌리면 쿠바는 사회주의 국가이기에 관용이 있고 자유로운지 의심이 간다. 쿠바는 자유를 누리기 위해 독재가 통치되고 있는 상황으로 보인다. 관용이나 자유가 결함이 많이 보인다. 인권 면에서도 좋은 점수를 받지 못한다. 북한과 같이 인권이란 말이 나오면 민감해하기도 한다. 쿠바는 권위주의 체제라 하위권에 속한다. 그들은 그들이 생각하는 가치가 있겠지만 자유, 인권, 민주 등의 기본적 잣대로 잴 때는 당당할 수 있도록 노력해야 된다고 본다.

피델 카스트로는 1990년대에 들어 종교에 대한 제한 조치를 늦추었으며 요한 바오로 2세, 베네딕토 16세와 최근 프란치스코 교황까지 쿠바에 왔다. 양심과 종교의 자유를 보장했다. 사상과 언론의 자유까지도 보장해야 하는데 쿠바의 한계가 보인다. 아직은 아닌 것 같다.

국민의 85퍼센트가 카톨릭인 쿠바가 표방한 종교의 자유는 어떨까? 사회주의 국가에서 교회는 어떠한 자유를 누리는지 궁금했다. 일요일에 교회에 가기 힘든 시대에 교회에 가는 쿠바의 신앙인들을 보니 신기했다. 교회에 오는 주민들을 입구에서 반갑게 맞는 신부님을 보았다. 권위적이지 않다. 신도들의 복장도 자유롭다. 평소 생활하다 잠시 들르는 모양새다. 한국에서 일요일에 옷을 꾸며 입느라 유난을 떤 게 생각났다. 하나님께 예배를 드릴 때, 권위를 강요하지 않아 보였다. 권위를 챙길 여력이 없을 것이다.

　쿠바 헌법은 무신론 국가라고 선언했지만 양심의 자유와 모든 사람들이 어떠한 종교적 신념도 공언할 수 있는 권리를 보장하고 있다. 현실이 어떠한지는 살펴볼 일이다. 무신론을 선언해도 하나님께 간구할 일이 많은 부분은 틀림없다. 혁명은 삶과 죽음의 문제를 해결할 수 없기 때문이다. 죽음에 대한 공포도 있겠지만 개인 기복도 피할 수 없다. 사회 구원보다 개인 구원이 더 시급할 때가 많다. 세상의 아픔보다 내 손톱의 가시가 더 아픈 법이다. 행복, 건강, 사랑 등은 산 자의 영원한 기도 제목이기에 쿠바에서 종교는 더욱 흥하리라 본다.

하나님을 믿는 것이 자유를 구하는 길이다. 하나님께서는 이미 자유를 주셨다. 곧 사상과 언론의 자유도 열릴 것이라 생각한다. 종교가 제대로 역할을 하면 어느 제도보다도 막강하다. 하나님께서 생사를 주관하는 것을 믿는데 무엇이 두렵고 못 할 일이 어디 있겠는가? 하나님의 질서가 주는 자유도 만나게 될 것이다. 하나님을 만나는 일이 혁명이 될 수 있다. 쿠바에 제2의 혁명이 교회에서도 이루어지길 바란다.

체스를 즐기는 공원

마을에 있는 곳에는 항상 공원이 있다. 무척 부러웠다. 작든 크든 남미에서 볼 수 있는 키 큰 식물과 벤치 그리고 사람들이 쉬고 있다. 우리나라도 공원 만들기에 골몰해야 되겠지만, 땅을 놀린다고 생각하면 크게 마련하는 일이 쉽지 않을 것이다. 사람이든 땅이든 적당히 놀아야 제대로 산다. 쉼 없이 쉼을 지향해야 한다.

우리나라에서는 공원을 지키려고 정부나 시에서 매입을 하느라 애쓰지만 쿠바는 나라 특성상 국가 소유로 쉽게 할 수 있어 보인다. 어느 면에서 좋다. 사람이 쉴 수 있는 공유물이 많을수록 안정감이 있다. 공유 재산이 많아지고 이를 누리는 이가 많아야 한다.

식사를 하고 어슬렁거리며 공원에 가면 볼 거리가 있었다. 현지인들도 있고 여행자들도 있다. 단체로 유도 연습을 하는 것도 보았다. 간혹 한국말로 '1,000원 만 주세요.'라고 쓴 푯말이 보여 슬프면서도 반갑기도 하다. 웃픈 현실이다. 쿠바에 거지는 그렇게 많지 않지만 직업으로 부족한 생활을 모면하려고 돈 많은 관광객에게 접근한다. 한국인들은 1달러 정도야 쉽게 줄 수 있다고 보았나 보다. 한국 이미지가 좋다고 돈을 뿌리고 다니는 모습은 바람직하지 않다. 걸인들은 가볍게 거절해도 돌아갔다. 순하다. 심지어 거지행세를 하는 임신부가 다가와서 우유값 좀 달라고 한다. 역시 가볍게 지나가도 됐다. 이미 쿠바에 한국은 방탄소년단(BTS)

하나로 이미지가 좋다. 청소년들에게 열광적이다. 도와주려면 다른 방법으로 도와주면 된다. 나도 인도로 해외여행을 갔다 와서부터 정기적으로 기부를 시작한 시작한 경험이 있다. 길가에 있는 걸인들에게 기부해도 큰 도움은 안 되리라 생각한다. 그 나라를 도와주는 기부금 단체를 찾아 후원을 하는 것이 좋은 방법이다.

공원에서 만난 아저씨들도 한국하면 과거 쿠바와 야구를 해서 이긴 나라로 잘 알고 있다. 친근했다. 젊은이들도 수교국 북한보다도 한국에 대해 우호적이다.

공원이 좋았다. 마을의 역사를 알 수 있는 나무가 자란다. 넓고 시원시원하다. 그냥 쉼터로 많아서 좋다. 공원만큼은 선진국이다. 아열대 큰 나

무 그늘에 앉아 있으면 피로가 풀린다. 어느 공원에서는 음악 연주를 하는 노인 악주단이 있기도 하고, 무료로 공연을 들을 수 있다. 현지인들과 친하게 놀 수도 있다. 와이파이를 찾는 외국인들과도 쉽게 만날 수 있다. 볼거리도 많은 쉼터이다.

공원 한구석에는 체 게바라가 그렇게 좋아했던 체스판이 열린다. 체스판이 있는 곳은 공원 분위기와 달리 항상 심각하다. 체스 경기자와 더불어 항상 관중이 있다. 구경하는 사람도 덩달아 진지하다. 모두가 즐기는 체스를 하지 못해 아쉬웠다. 그 정도 여유는 허락하지 않았다. 공원에서 체스를 즐겼다면 더없이 좋은 여행이었을 것이다. 아직 우리 동네 공원에선 체스 생각을 할 수 없을 것 같다. 체스판이 있는 공원을 생각해 보는 일은 즐거운 상상이다.

삐딱한 눈으로 보기

쿠바인이 바라보는 관광객, 관광객이 바라보는 쿠바인은 편하지 않다. 쿠바인은 관광객이 돈많은 부자들로 보일 것이다. 외국인들이 생각하는 쿠바는 쾌락과 유흥이 넘쳐나는 관광지란 생각이 든다. 쿠바 경찰들은 관광객을 보호해 주지만 거꾸로 쿠바인들에게는 억압적이다. 쿠바의 자유는 편하지 않다. 낙천적으로 늘 밝게 웃는 쿠바인들을 보는 게 대단했으나, 마음 속 한 편으로는 조금 우울하기도 했다.

코로나로 최근에는 쿠바로 가는 길이 막혀있었지만, 2016년 쿠바를 찾은 관광객은 400만 명이라고 한다. 2017년 쿠바를 찾은 한국인 관광객은 1만 명이었다. 쿠바를 관광의 나라로 얼마나 좋아하는지 알 수 있다. 쿠바는 이미 세계와 친구고 한국과도 친구이다.

외국 관광객들의 술잔도 늘 넘치지만 좋지만은 않다. 몇 잔에 한 달 노동자의 월급이 쏟아지는 것이다. 교수보다도 관광업계 택시 운전자를 선호하는 사회다. 체 게바라의 아들 중 한 명도 택시 관광을 하고 있는 모습을 뉴스에서 보았다. 혁명가의 아들도 똑같이 대한다는 점도 있지만 현실적으로 고수익 되는 부분에 관심을 보일 수밖에 없는 엄연한 현실이 앞에 있었다.

쿠바의 돈줄이 외국에서 보내는 가족들의 송금과 관광수입이란 말도 있다. 가족들 중에 미국에 있거나 근처 남미에 있는 이들도 많다. 돈은 다

른 곳에서 벌고 있는 모양새다. 미국에 있는 사람들은 독특한 환경이 작용했다. 혁명이 싫어 1960년부터 10년 동안 50만 명이 넘는 인구가 미국으로 이민을 갔던 데서 연유한다. 1960년대에 떠난 사람은 대부분 상층 계급으로 백인들이었다. 쿠바의 반체제 인사가 많았다. 이때 쿠바는 많은 의사, 전문가, 사업가들을 잃었다. 카스트로는 "조국이 싫은 사람은 떠나라."며 여러 번 항구를 열었다. 지금은 이들의 돈줄이 쿠바의 민영 사업에 일정 정도 연관이 있기도 한 모양이다.

1980년 4월, 소수의 쿠바인들이 아바나의 페루 대사관 정문을 트럭으로 부수고 들어가 망명을 요청한 사건도 있다. 이때부터 125,000명이 미국 생활과 소비에 대한 욕구와 정치적 환멸로 마이애미로 들어가기도 했

다. 마이애미 서남쪽에는 쿠바인들이 거주하는 리틀 아바나가 있다. 이
들은 쿠바에서 골치 아픈 존재가 되었다.

　쿠바에서 만난 캐나다 부부는 집은 캐나다에 있지만 생활은 쿠바에서
지내기도 했다. 쿠바가 물가가 싸니 살기 좋아서일지도 모른다. 겨울이
면 겨울 내내 쿠바에 산다고 한다.
　개방이 더 되기 전에 쿠바를 오려고 했다. 와 보니 개방이 되어 제대로
된 쿠바를 보고 싶은 생각이 들었다. 쿠바의 경제와 사회는 아직 안정적
이지 않다. 새로 펼쳐지는 경제, 정치적으로도 민주화를 이룬 쿠바가 되
길 바란다. 그러나 쿠바인의 여유 있는 미소는 변하지 않았으면 좋겠다.
삐딱한 내 눈에 바로 보일 쿠바를 기대한다.

생기 있는 미소

출국 비행기에 내리는 공항에서부터 죽어 있던 감각 세포가 살아나기 시작한다. 여행의 맛에 빠지게 된다. 우리나라와 다른 기후부터 풍경, 역사, 문화 하나하나가 호기심을 자극하고 생기 있게 만든다. 여행은 살맛 나게 한다.

그동안 습관적인 삶과 분위기가 다른 데서 오는 충돌은 삶을 긴장하게 한다. 긴장은 그동안 편하게 살아 왔던 삶을 감사로 되돌아보게 된다. 새로운 환경에 부딪치며 타자에 대한 이해를 넓히게 된다. 쿠바에서 본 뚜껑이 없는 변기부터, 행인을 위해 양쪽으로 나있는 길 곳곳은 생각의 연장이 된다. 좌변기에서 받침대가 없는 것을 보고 엉덩이가 빠지지 않나 걱정되기도 했다. 골목길이나 큰 길에 사람이 다닐 수 있는 길이 있는 것을 보고 사람이 먼저인 문화를 보았다.

가장 큰 기억과 충돌은 사람이었다. 어느 나라를 여행하고 나서 가장 기억에 남는 게 무엇이냐고 물으면 늘 같은 대답이다. 그 나라 사람이었다. 사람으로 그 나라에 대한 이미지가 그려진다. 땅을 여행하는 것이 아니라 사람을 여행한다는 말이 맞다. 그 나라 사람이 관광객에게 일부러 하는 것을 본 게 아니다. 전체적인 분위기다. 쿠바에 들어오기 전 러시아에 잠깐 경유했었다. 그때 본 러시아의 모스크바 시민의 얼굴은 삭막했다. 웃음이 없었다. 시베리아 느낌이 어떤 줄 알 것 같았다. 체제가 삭막

했고, 혹독했던 날씨 상황을 이해했다. 잠시였지만 느낌이 그랬다.

쿠바는 정반대다. 쿠바는 사람 때문에 나라를 사랑하지 않을 수 없게 된다. 다시 가고 싶기도 하다. 사람들은 가난하지만 여유가 있고 미소가 있었다. 친절했다. 세계에서 몇 남지 않은 사회주의 국가인데 국민은 자유로웠다. 사회는 내가 가본 사회주의 국가들처럼 이미 자본주의에 물들어 있었다. 이념은 사회주의라도 남미 특유의 자유로움은 자본주의 세계를 능가하는 것 같았다. 사람들이 만나고 노는 데는 이념이 중요하지 않았다. 짧은 시간을 함께 했지만 사람들은 오랫동안 기억난다. 가끔 물건 값을 관광객 수준으로 받으려고 불쾌한 적도 있지만 그 정도는 애교였고, 여행의 기술로 만나면 문제가 안 되었다. 가난해서 구걸하는 이들도 보았지만 가볍게 얘기를 하며 지낼 정도였다. 여행하면서 접한 쿠바 사람들 대부분은 그 순박함으로 나도 모르게 미소 짓게 되었다.

길에는 사람이 살고 있었다. 자기 술이 산티아고 11년산 술이라고 자랑한 이가 기억난다. 식당을 소개해 주며 수수료를 받으려는 사람이다. 밤에 춤도 추고 음악도 들려주니 오라고 했다. 하는 행위가 거칠지 않아 친근했다. 타이어를 가는 아저씨, 꽃을 파는 아저씨, 청소 도구를 파는 아저씨, 기타를 치며 손님을 끄는 아저씨, 채소를 파는 아가씨, 이발소 아저씨, 모두 열심히 자기 일을 하며 미소를 잃지 않았다. 고단한 가운데에서 열심히 일하며 멀리서 온 관광객이라고 편안하게 시간을 할애해 주기도 했다.

언어가 달라 긴 대화를 나누지 못했지만 미소만으로도 그들이 말하고자 하는 마음을 알 수 있었다. 하나라도 더 알려주고, 한 잔이라도 더 마시라고 권했다. 가난하지만 풍족하게 마음을 주었다. 미소를 보이며 열심히 사는 그들을 보며 순간순간 뜨거운 정을 느꼈다. 미소가 있기에 희망이 있다고 본다. 그 생기 있는 미소가 다시 활짝 피어나는 것을 다시 보고 싶기만 하다.

시가는 맛과 향기보다 멋

쿠바에서 시가를 피워 보는 일도 쿠바 여행의 희망사항에 속한다. 담배를 끊어서 그렇지 만약 내가 담배를 즐겼다면 늘 시가를 물고 다녔을 것이다. 카페나 클럽에서 술을 마시며, 올드 카를 타면서, 말레콘에서 바다를 보면서, 어디에서든 폼 나게 시가를 물었을 것이다. 길에서 시가를 권하는 쿠바인들 인심을 거절할 때도 아쉬웠다.

그런데 보기와는 달리 시가를 피는 일은 쉽지 않아 보였다. 담배처럼 불이 쉽게 붙지 않았다. 한참동안 불을 갖다 대어 연기를 피워야 했다. 불을 붙이는 일도 구경거리였다. 고급 시가 판매소에서 한참 동안 시가 피는 것을 보았다. 불을 피워 한 모금 먹으며 피우다 끄고 다시 피우는 과정을 동영상으로 촬영해 가며 놀았다.

흡연을 하는 동료에게 기념품으로도 시가는 적당했다. 한 갑이 아니고 한 개비 정도면 적당하다. 맛이나 보라는 거다. 받는 사람은 한 개피를 선물한다고 치사하다고 그러겠지만 쿠바에서는 비싼 가격이다. 좋은 시가 한 개비만 해도 8쿡이 넘었다. 비싼 것은 25개비에 600달러나 되는 것도 있다.

나중에 핀 사람들에게 물어보니 맛은 그저 그렇다는데 기분은 좋았다고 한다. 쿠바 시가를 피워 보았다는 게 기념이 되고 시가를 물고 있는 모습을 찍으니 폼이 난다고 했다. 맛보다 멋이 더 좋았다고 한다. 담배를 처음 배울 때 겉 모양 때문이지 맛 때문이 아닌 것과 같을 것이다. 실제로

시가는 연기를 마시는 것이 아니라 입 안에 넣은 채로 혀와 코로 맛과 향기를 느끼는 것을 전혀 몰랐을 것이다.

　마을을 돌아다니다 본 공장 안의 노동자들은 힘들게 일하고 있었다. 그들을 오랫동안 보기가 미안했다. 숙련공처럼 직접 책상 앞에서 담뱃잎으로 담배를 만들고 있다. 발효와 숙성이 끝난 후에 창고에 있는 담뱃잎들이 시가 공장으로 넘어 온 뒤에는 노동자들이 손으로 직접 제작하고 있었다. 다양한 종류의 시가를 만든다고 한다.
　시가를 만드는 노동자 월급은 하루 종일 일해서 한 달 월급이 25달러 정도 내외라고 한다. 담배 몇 개피 값뿐이 안된다. 적은 월급에도 그들은 묵묵히 일하고 있었다. 그들은 좋은 담배를 만들어도 못 피지만 담배에 정성을 쏟는 두 눈은 빛나고 있었다. 우리는 무릇 쿠바 노동자들이 좁고 딱딱한 의자에 하루 종일 앉아 시가를 만드는 모습을 생각하며 피워야 그 맛을 제대로 느낄 수 있을지도 모른다.

　기념품으로 시가와 담배를 많이 샀다. 선물로 주기 전에 시가를 한 대 폼 나게 꼬나물고 있는 모습을 페이스북에 올릴 틈을 노리고 있다. 내게도 시가는 맛도 향기도 아니다. 오로지 멋이다.

밥심으로 산다

아내가 해 주는 밥을 먹을 때, 가끔 기도하게 된다. 내가 뭐라고 맛있는 반찬에 따뜻한 밥을 차려 주는지 저절로 감사의 마음이 인다. 게을러 평소에는 고마움을 잘 모르다가도 정성이 깃든 반찬 하나하나와 국이 놓인 밥상을 볼 때 사랑을 느끼지 않을 수 없다.

현세에서 절대 복종과 충성의 대상은 아내가 첫째이다. 힘들 때 밥 한 그릇을 먹고 정신을 차리고 몸을 일으키리라 다짐도 한다. 힘들더라도 아내가 차려 준 밥을 먹는데 못 일어날 수 없다고 생각할 때가 많았다. 천사가 이 땅에 있는 모습은 어머니 말고 아내도 있을 것이다. 물론 좋은, 어머니와 아내만이다.

여행을 다닐 때 항상 밥상이 그리웠다. 한국인은 밥심으로 산다. 피자는 밥이 못 됐다. 흔히 보이는 피자도 한국의 고구마 피자와 같지 않고 조금 짜다. 그래서 단 콜라를 찾게 된 것이다. '짠단, 짠단'이 이어지기도 했다. 여행 며칠 동안 제대로 밥을 못 먹다 치킨에 밥이 나오는 식당에서 감탄을 했다. 김치는 없었지만 입에 맞는 닭고기와 밥으로도 감사의 마음이 일었다.

쿠바의 음식으로 고기, 샐러드하고 밥이 나오는 '코미다 크리오리요', 시엔푸고스의 닭고기와 쌀로 만든 '아로스 콘 뽀이요', 아바나 후미진 뒷 골목에서 현지인들과 먹은 검은 콩과 쌀로 만든 '모로스 이 크리스띠아

노스' 모두 좋았다. 입맛에 맞는 밥 한 그릇이 얼마나 좋은지 몰랐다. 감사했다.

어느 식당에 갔더니 시간에 따라 쿠바 음식이 그려져 있었다. 내가 먹고 싶은 음식이 적혀져 있었다. 하루 밥 시계만큼 먹었으면 좋겠다고 생각했다. 돼지고기, 샌드위치, 피자 등등 먹는 생각만 해도 하루 시간이 즐거웠다. 밥이 해결이 되어야 인심도 좋아지는 게 틀림없다. 따뜻한 밥 한 그릇이면 족하다. 행복은 밥심으로 자족할 수 있다. 백석은 〈선우사〉에서 흰밥과 가재미만 있으면 누구 하나 부럽지 않다고 했다. 쿠바에서 나는 밥하나만 봐도 세상 행복했다. 백석 시인처럼 반찬 하나를 말한다면 김치나 알타리무가 있으면 원이 없겠다. 그것이 없으면 멸치볶음도 무방하다.

피에로처럼 살아도 좋다

체 게바라가 갖고 다녔던 일기장에는
그 험한 게릴라 전투를 치르면서도
자녀들 생일을 기억하며 축하한 게 적혀있다

동네 가게에서 피에로가 웃음을 선사한다
어린이가 주인공이 되어 웃음을 터뜨린다

피에로처럼, 체 게바라처럼,
생일을 축하하고 웃음을 주는
즐거운 삶이 되었으면 한다
삶이 전투같이 힘들어도

모두 같이 노는 축제

마을 사람들이 나와서
밤늦도록 춤춘다

노래 자랑할 사람들 나오고
춤 잘 추는 사람들만 나와서
노는 행사가 아니라

한 명 한 명 소외되지 않고
소외시키지 않으려고 애쓰는

놀이 같은 축제를 본다
나도 흥겨워 함께 춤을 춘다

길

일어나면 나선다
하루하루가 자갈밭이라도

세상을 읽고
즐겁게 산책하며

길동무와 터벅터벅
마음의 향기를 피우며

길 위의 거친 여행길을
노을이 있는 들녘이라 생각하며

손가락이 부러져도 엄지척!

새끼손가락이 부러진 채로 여행을 했다. 캐리어 가방을 끌고 다닐 때마다 힘들었다. 숙소의 계단을 올라갈 때는 그래도 온 힘을 다해 들어야 했다. 하트 표시로 손가락 모양을 꾸미는 것은 할 수 없었지만 엄지를 들수는 있었다.

여행 당시 새끼손가락은 비상 상태였다. 학생들이 다투는 것을 막다가 부러진 새끼손가락을 완치하지 못한 상태로 출국하여 다녔다. 8월에 쿠바 비행기표를 끊었는데 10월 말에 다쳤다. 수술이 잘 되어 여행 기간인 1월이면 붕대를 풀고 갈 수 있었는데 재활 중에 그만 다시 부러졌다. 처음 손가락이 부러졌다는 사실을 알았을 때 찾아온 절망감보다 더 컸다. 두 번 골절된 손가락을 치료하며 다니라 여행은 늘 긴장되었다.

손가락이 부러지고 치료하고, 또 부러져 놀란 가운데서 대응하는 과정을 보면 내가 참 교양이 있고 괜찮은 사람이라는 것을 깨달았다. 손가락이 부러졌을 때부터 침착했고 마음은 넓었다. 다툰 학생들 학부모가 병원에서 치료비 전액을 지불한다는 호의부터 값비싼 건강식품과 음료수한 병도 다 돌려보냈다. 보호자는 평생 은혜를 잊지 않겠다고 거듭 인사했다. 다툰 학생들은 어떠한 징계도 없었다. 학생들을 위해서라면 손가락 하나 부러져도 괜찮지 않나 하는 마음이 있었다. 교직 생활을 하면서지금까지 만약 학생들에게 마음의 상처를 주었다면 내 손가락 하나 부러진 정도야 감수하겠다는 생각이 있었다. 나의 학생에 대한 사랑은 단호했다.(우쭐) 착하면 행복과 건강지수가 낮다고 해서 우울하기도 하지만 어쩔 수 없는 노릇이다. 당시 내가 받은 것은 공무상 재해처리뿐이었다.

수술이 잘 되고 재활 중 재골절 되었을 때도 침착하게 대응했다. 재활 치료를 잘못 해 준 의사를 오히려 걱정했다. 미안하다는 의사의 앞날을 걱정했다. 오히려 병원의 상담 실장이 다른 의사로 교체해 주었다. 그러지 않았으면 또 수술을 받아야 했다. 새로 소개받은 의사는 나의 손가락 상태가 안 좋아 수술하기 힘들다며 부목을 대는 방법으로 진행했다. 그 상태로 쿠바여행을 다녔다. 조금만 비틀어지거나 소독을 안 해 주면 손가락 상황은 안 좋아질 게 뻔했다. 딸은 며칠에 한번씩 소독을 해 주었다. 여행 코스도 해수욕장이나 모험을 즐기는 프로그램은 빼려고 했다. 무사히 귀국하기만 하면 다행이라 생각했다.

쿠바를 들르기 전 잠시 머문 모스크바 겨울의 날씨는 손가락이 잘라지는 듯 아팠다. 새끼손가락에 붕대를 감아 장갑을 낄 수 없었다. 수면 양말을 끼고 다녔지만 추위를 막아 주지는 못했다. 세수나 밥 먹는 것도 자유롭지 못하고 왼손으로 했다. 조심조심 생활했다. 가끔가다 오른 손이 아픈 줄 모르고 부딪칠 때는 '악!' 소리를 내며 소스라치기도 했다. 쿠바 사람들하고 악수를 할 때, 모르고 오른손을 내밀 때도 마찬가지였다. 차비 아낀다고 만원 버스를 탈 때도 위험했다. 부딪쳐 부러지지 않기만을 기도했다.

카리브 바닷가는 들렀지만 수영은 하지 못했다. 바다에 몸은 담가도 표정은 자연스럽지가 못했다. 바다에 가서 몸만 담갔다. 머리는 못 담갔다. 카리브 바다를 느낀다고 하체까지만 담고 앉았다 일어났다. 일광욕으로 카리브해 수영을 대신했다.

착한 사람이라 하늘이 도왔나 보다. 귀국해서 병원으로 달려가 보니 손가락이 부러지지 않고 붙어 있었다. 그렇게 크게 휘지 않았다. 모양은 조금 못났지만 생활하는 데는 큰 불편이 없다고 했다. 내 손가락을 잘못 치료한 의사는 그만두었다고 한다. 걱정했지만 잘 다닐 줄 알았는데 아쉬웠다. 처음 손가락 부러졌을 때 쿠바 여행 예약을 취소해야 할지를 상담해 준 의사였다. 함께 고민했다. 여행은 무조건 가야한다고 말해 줘서 친근감이 간 의사였다. 그 의사가 적절한 재활 방법을 가르쳐 주지 않아 내 손가락이 다시 부러졌지만 내 두려움을 치료해준 덕분에 여행을 감행할 수 있었다. 결과적으로 그분은 내겐 명의였다.

조마조마하며 제대로 치료하지도 못하면서 여행은 다녀왔다. 손가락은 붙었고 탈 없이 생활한다. 새끼손가락만 보면 웬만한 부상은 여행에 걸림돌이 되지 않을 것 같다. 지인은 목디스크를 수술한 지 며칠 되지 않았는데 목에 붕대를 감고 해외 여행을 다니는 모습을 보았다. 역시 사회는 고수들이 늘 도처에 존재한다. 겸손이 필수다. 그리고 행복은 미루는 것보다 그때그때 누리는 것이 좋고, 뜻이 있으면 적절하게 길이 열린다는 사실을 알게 되었다. 새끼손가락은 부러졌어도 엄지척은 엄지만 올리면 되고, 엄지척은 할 수 있었다. 엄지손가락은 멀쩡했다.

5부

베라노의 추억

시엔푸에고스를 생각하면 석양이 생각난다

우리가 만난 시엔푸에고스는 조금 더 여유롭고 나른한 느낌의 도시였다. 센트로 시티에서 조금만 걸으면 항구가 나와서 그런지 항구도시 특유의 활기도 느껴졌다.

시내는 주말이라 그런지 아니면 시간대가 애매해서 그런지 열어 있는 가게가 많이 없었다. 점심을 먹기 위해 까사 주인의 추천을 받은 식당을 들러 보았지만 브레이크 타임만은 철저한 쿠바 사람들 덕에 겨우 한 곳을 찾아 식사를 할 수 있었다. 주말도 없이 일하는 우리와 대조적인 모습이 마음에 들었다. 겨우겨우 연 식당에 들어가 메뉴판을 받았는데 종업원이 갑자기 당황하며 메뉴판을 다른 것으로 바꾼다. 얼핏 보아하니 모네다(내국인 전용화폐)와 쎄우세(외국인 전용화폐)로 적힌 두개의 메뉴판이 있는 모양이었다. 어느 정도 익숙해진 쎄우세 가격에 그냥 수긍하기로 했다. 기분이 좋지만은 않았지만 그렇다고 별다른 방도가 있는 것도 아니었다.

시내를 거닐고 광장을 구경하고 항구 도시인 만큼 배를 타고 다른 섬으로 이동했다. 대부분의 관광지가 그렇듯 새로운 곳에 왔었다는 데 의의를 두었다. 이동한다는 자체를 즐기기도 하였다. 특별한 점이 있다면 이곳에서는 그 어디보다 쿠바 사람들의 실생활을 더 가까이 볼 수 있었다.

마치를 타고 라푼타(La Punta)로 향했다. 도착하여 물장구를 치며 노는 쿠바 학생들을 멀리 옆에 두고 하염없이 석양을 바라봤다. 최근에 마지막으로 일몰을 봤는지 기억도 나지 않았다. 하늘이 붉게 물들어가고 해가 바다에 가까워질수록 알 수 없는 감동이 느껴지기까지 했다.

사실 해가 뜨고 지는 것은 언제 어디서나 볼 수 있다. 다만 내 마음의 여유가 없었기에 보지 못했던 것 뿐이다. 지는 태양이 나보고 지금 충분히 괜찮다고 토닥여주는 것 같았다. '아끼 이 아오라'(Aquí y ahora, 여기에 지금)로 내가 '지금, 이곳에' 존재한다는 사실에 온전히 집중한 순간이었다. 해가 지는 동안 오롯이 내가 되는 경험이었다.

마음이 한결 편해졌기 때문일까, 시엔푸에고스가 나를 부드럽게 포용하는 느낌을 받았다. 돌아가는 길, 주민들이 북적거리는 케이크 가게에서 설탕이 오도독 씹히는 케이크를 먹고 달콤한 잠에 들 수 있었다.

우리의 마지막 인사는 아디오스(Adiós, 안녕)가 아닌 아스타 루에고(Hasta luego, 다음에 또 만나)였다

나는 통나무 그 자체다. 춤을 출 때면 분명 내 몸인데 나와 어색한 사이가 되곤한다. 마음처럼 움직여 주지 않는 내 몸이 원망스러울 때도 있지만 그렇다고 춤을 잘 추는 사람만 추라는 법도 없다. 내 자신의 결핍 때문인지 나는 항상 신나게 춤추고 즐기는 사람들을 보며 큰 감명을 받아왔다. 차마 꺼내 볼 순 없지만 가슴 속 깊이 춤에 대한 열망이 도사리고 있었다. 그리고 살사의 고장인 쿠바에 왔을 때 감동을 넘어선 충격은 이루 말할 수 없었다.

빠른 엇박의 리듬, 재즈의 경쾌한 음, 다양함의 조화를 추구하는 그 강렬한 음악 속으로 빨려 들어갈 듯한 느낌이 들었다. 그 음악에 맞춰 춤을 추고 있는 사람을 지켜보고 있자면 되지도 않는 엉덩이를 씰룩거리고 싶어지니 말이다.

살사는 오로지 사교를 위한 춤이다. 이성이 짝을 이뤄 남성이 주도하는 방향에 따라 즉석에서 합이 맞춰진다. 그래서 두 사람의 교감이 그 무엇보다 중요하다. 그럼에도 지나치게 밀착되지 않아 서로의 흥을 발산하고 친밀감을 형성하는 데 큰 도움이 된다.

여행 내내 살사를 꼭 한번 배우리라 다짐했으나 이동이 잦은 일정으로 인해 시간을 내기가 쉽지 않았다. 비날레스와 산티아고 데 쿠바에서 한번씩 살사 클래스를 권유하는 쿠바노가 있긴 했지만 못내 미덥지 않아 배우지 않았다. 그러다 여행의 막바지인 바라코아에서 동네 쿠바 사람들과 함께 출 수 있는 살사 수업이 있었다. 바라코아는 쿠바에서 가장 고립된 도시란 말이 있을 만큼 관광객도 많지 않아서 한적한 느낌이 드는 도시였다.

살사 수업에는 기존 쿠바 수강생들과 몇 명의 관광객이 있었다. 현지인과 관광객이 짝을 지어 기본 스텝을 배웠다. 나는 호나우드라는 쿠바노와 파트너가 됐다. 처음 본 사람의 허리에 손을 두르고 눈을 맞추며 춤을 추라니 그것부터 고비였다. 내가 뻣뻣하게 긴장해 있자 호나우드(Ronaldo)는 릴랙스하라고, 이런저런 대화를 하며 긴장을 풀어줬다. 호나우드는 확실히 춤을 잘 췄다. 고작해야 기본 스텝일 뿐인데도 그루브가 남다르다고 해야 하나, 어깨를 좌우로 부드럽게 움직이면서 가볍게 스텝을 밟는 여유가 있었다. 계속 나와 춤을 추는 데 프린세스와 춤을 추는 것이라며 자기가 꿈을 꾸는 것 같다고 낯간지러운 말을 해댔다. 민망하게 웃는 수밖에 없었다. 열정적으로 가르쳐준 좋은 파트너를 만난 덕인지 수업 후반부엔 나름 여유도 부릴 만큼 되었다. 순수한 즐거움으로 가득한 시간이었다. 해질녘, 시골 마을에서 살사를 추는 것이 참 낭만적이었다.

떠나야 하는 날에 호나우드가 아쉬웠는지 계속해서 말을 질질 끌고 물건을 잃어버린 척을 하지 않나 떠나기 힘들었다. 아빠가 없었다면 정말 붙잡혀 빼도 박도 못할 수도 있었겠다 싶었다. 호나우드와 페이스북 아이디를 주고받고 현재까지 메신저를 주고받곤 한다. 바라코아의 풍경부터 시작해 쿠바의 국화 그리고 자신의 사진까지 꾸준히 보내주는 게 참 고맙다. 내가 누군가에게 잊지 못할 추억이 되었다는 게 왠지 모르게 미안했다.

이따금씩 바라코아의 저녁 풍경이 생각난다. 왠지 모를 아련한 향수를 불러오는 작은 마을. 그리고 그곳에 있는 순수한 쿠바의 청년 호나우드를 생각한다. 내가 그곳을 다시 가지 않는 이상 다시 보기 힘들 것이다. 내가 미안했던 이유인 것 같다. 남겨진 사람은 그 추억을 안고 살아가야 하기 때문이다. 내가 쿠바에 다시 가는 때에 바라코아는 언제나 마음 속 1순위일 것이다. 그때에 소중한 추억을 선물해준 호나우드에게 웃으며 잘 지냈냐고 묻고 싶다. 그동안 진심으로 행복하게 잘 지내길 바란다. 우리의 마지막 인사는 '아디오스(Adios, 안녕)'가 아닌 '아스타 루에고(Hasta luego, 다음에 또 만나)'였으니까.

책임질 수 없는 존재

살면서 사랑을 책임질 수 있어야 하는가는 나에게 피하기 힘든 물음이다. 생택쥐페리의 《어린 왕자》에는 책임질 수 없는 존재에 대하여 생각하게 해 주는 글이 있다. 원문과 번역문은 다음과 같다.

"Men have forgotten this truth," said the fox. "But you must not forget it. You become responsible, forever, for what you have tamed. You are responsible for your rose⋯."

"I am responsible for my rose." the little prince repeated, so that he would be sure to remember.

"사람들은 이 진리를 잊어 버렸다."고 여우가 말했다. "하지만 너는 잊어버리면 안된다. 네가 길들인 것에 대해서는 영원히 네가 책임을 지게 되는 거야. 너는 네 장미꽃에 대해서 책임이 있어⋯."

"나는 내 장미꽃에 대해서 책임이 있다⋯."

머리에 새겨 두기 위해서 어린 왕자는 다시 한 번 말했다.

산티아고의 까사에서 만난 고양이가 있었다. 얼굴과 발만 거무스름한 샴 고양이였는데 햇살을 받으며 늘어지게 낮잠을 자고 있는 모습이 너무 사랑스러웠다. 한때 고양이를 무서워했었는데 그 당시는 도도하면서도 귀여운 매력을 알아가던 시기였다.

한적한 동네에서 대도시인 산티아고 데 쿠바로 오자 볼 것이랑 할 것이 많아져 부지런히 돌아다녔다. 그러면서도 까사에 있는 고양이가 아른거렸다. 하루 종일 심심해하며 애정을 기다리고 그루밍하는 고양이가 참 예뻤다. 사랑의 3요소라고 하는 열정, 친밀감, 헌신이 다 발동했다. 하루 종일 심심했을 '닐라'라는 고양이에게 연민이 가기 시작했다. 숙소에 있는 동안 닐라의 뒤꽁무니를 쫓아다니며 쓰다듬어 주었다. 그러나 산티아고 데 쿠바를 떠나는 날에 닐라를 떠나야 했다.

책임질 수 없다는 것은 그런 것 같다. 애정과 연민만으로 되지 않고 희생할 마음까지 있어야 사랑이 된다. 이전에 사랑이 왜 희생하는 것인가에 대해 항상 의구심이 들었었다. 내가 희생하며 불행해지는 데도 왜 그것을 사랑이라 하는 것인지. 닐라를 잠깐 보면서 사랑에 대해서 더 알 수 있게 됐다. 사랑은 나를 불태워 따뜻하게 보듬어 주는 것이고 그 자체로 만족할 수 있는 것이란 생각이 들었다.

문득, 나는 사랑을 이해하기에 아직 너무 어리다는 생각을 하게 된다.

나이

어른이 되어갈수록 부모님의 등이 좁아 보인다고들 한다. 대단해 보였던 것들의 실상을 알아가며 실망하기도 하고 때론 고지식한 모습에 답답해지기도 한다. 한편으로는 슬프다. 그동안 나의 보호자로서 지고 있던 책임감의 무게가 단지 무겁다는 말로는 표현될 수 없을 것 같다. 나이가 들어갈수록 생리적인 현상의 해결이 최우선임을 보면서 더 알게 된다. 식사 시간 때를 놓치면 안되고, 피곤하면 일단 쉬어야 하고, 몸이 마음처럼 움직여 주지 않는 것 같아 슬퍼진다. 나이 들어감에 당신 스스로 작게 느껴질 것 같아 그 서글픔에 더욱 마음이 아프다.

나는 정말이지 평생 좋은 딸은 될 수 없을 것 같다. 대개 인간관계에서는 은연중에 갑과 을의 관계가 형성되기 마련이다. 그 사이가 가까울수록 암묵적인 배려들이 많이 잊혀지곤 한다. 자식이란 이유로 평생의 갑이 되어버린 나 자신을 때론 너무 당연하게 받아들인다. 못난 딸과 여행하느라 고생하신 아빠에게 늦게나마 감사의 말을 해본다.

나의 주위 사람들은 종종 내가 아빠와 참 많이 닮았단 말을 한다. 어느 정도 공감하면서도 뭐가 그렇게 닮았다는 건지 의문이 들었다. 그러나 여행을 하면 할수록 나는 크고 작은 습관들 모두 아빠를 닮아있다는 걸 깨닫게 됐다. 아빠의 밝고 긍정적인 성격, 새로운 길을 개척하는 도전정신, 인자한 미소 등등 나만 생각하는 나에게 아버지는 '우리'라는 가치를 알려주셨다. 물론 내가 달가워하지 않는 아빠의 모습들도 참 닮아있었다. 보고 싶은 무언가 있으면 예고 없이 멈춰서기, 찍고 싶은 무언가가 있을 때 말없이 들어가기, 지나간 결정에 대해 잊혀질 때까지 되뇌이기, 마음속으로 결정한 일에 대해 예의상 질문하기 등등….

나는 언젠가 이러한 모습들을 사무치게 그리워할 것임도 안다. 나는 아버지를 통해 세상을 배웠다. 한때 내 세상의 전부였던 당신을, 그 속에서 세상을 알아가던 나 자신을 그리워할 것이다. 여행 내내 아빠는 사진 한 장, 한 장을 허투루 찍지 않으셨다. 어쩌면 마지막이 될 수도 있는 아빠와 딸의 여행을 조금이라도 더 기록하고 추억을 남기고 싶어 하셨다. 나와 함께 찍는 사진에서만큼은 누구보다도 활짝 웃고 있는 당신을, 내가 즐거워하면 그것으로 만족하고 행복해하는 당신을 그리워할 것이다.

나이가 들고, 세월이 흘러간다는 것은 참 서글프다. 우리는 모두 언젠가 헤어진다는 그 당연한 사실을 받아들이기가 참 힘들다. 나는 아직 그 세월의 흐름을 느끼기에 어리다고 생각하는데 시간은 나를 기다려줄 생각이 없는 것 같다. 영원히 어리고 싶고 내가 사랑하는 모두와 함께 하고 싶다. 왜 불로장생이 긴 세기동안 오랜 염원이 되어왔는지 이젠 알 것 같다. 슬퍼하기엔 참 짧은 시간이다. 우리 모두는 이미 정답을 알고 있다. 우리가 할 수 있는 최선은 함께하는 이 시간을 힘껏 껴안고 사랑하는 것이다. 우리 가족이 영원히 함께 행복하길 바랐던 소원이 생각난다. 보름달이 뜰 때마다 잊지 않고 바라온 그 소원이 생각난다. 우리 가족이 영원히 행복하길 바랐던 그 소원이……

나오는 말 – 배낭정신으로

배낭 정신은 일반어가 아니라 내가 만든 특수어다. 자주 쓰지는 않았지만 딸과 "배낭정신으로!"하면서 미소를 띠며 다녔다. 배낭정신이란 말이 있는지 모르겠다. 배낭여행을 본따 새말을 만들어 배낭여행 정신이라고 했다. 원래 의미를 살려 자유여행 정신이라고 할 수도 있다. 조금 멋을 부려 배낭정신이라 했다. 캐리어 정신이라고 하면 정신의 뜻을 나타내기 힘드니 배낭정신으로 했다.

캐리어하고 배낭을 얘기하니 과거 교사들하고 떠난 패키지여행이 생각난다. 운 좋게 카드회사에 당첨이 되어 같은 교육청 소속의 교사들과 싱가포르와 인도네시아를 여행할 때였다. 버스로 이동하면서 버스 안에서 졸지에 사회를 보게 되어 여러 교사들하고 친해졌다.

그때 나에게 관심을 보이며 친근하게 다가온 초등학교 여교사가 물었다. 당시 여행에 참가한 모든 선생님은 캐리어를 끌고 다니는데 왜 배낭을 메고 다니냐고 했다. 그러고 보니 짐을 이동할 때 나 혼자만 배낭을 메고 있었다. 아마 그 선생님은 내가 수염도 기르고 사회도 재미있게 보는 모습을 보면서 무슨 깊은 뜻이 있는 줄 알고 질문했던 것 같다. 그때 좀 더 생각하고 대답하면 근사했을 것이다. 배낭 정신은 자유롭게 다닐 수 있어야 하고, 근기로 버티고 여유로운 마음을 지니는 게 필요하다든지 도전, 용기 등등을 화려하게 꾸미면 되었을 것이다. 과거 배낭을 매고 힘들게 여행한 경험을 몇 가지 얘기하면 배낭정신에 대한 의미는 충분히 전달할 수 있었다. 이미 그 선생님은 나에 대해 큰 관심을 보이며 열쇠고리도 선물로 주었으니 무슨 말을 해도 믿을 태세였기 때문이다. 그런 기대에 부응하지 못하고 나는 모르고 "캐리어를 못 사서요."라고 했다. 뒷말을 잇지 못하고 툭 던지며 얘기했다. 정신이 없는 사람의 발언이었다. 솔직한 게 탓이다. 돈이 없다는 내용인지 캐리어를 몰라서인지 애매한 내 말을 이해했는지 선생님도 더 이상 묻지 않았다. 그 여 선생님과 대화를 잇지 못해 아쉬웠다. '정신'이 없는 것은 사실이었다. 여행이라고 처음에 배낭을 샀고 배낭이 낡지 않아 계속 갖고 다녔을 뿐이었다. 단지 그 선생님의 기대에 부응하지 못했을 뿐이다.

요즘 캐리어를 갖고 다닌다고 배낭 정신이 없다고는 안 한다. 이리저리 꾸밀 줄도 안다. 배낭이 캐리어로 바뀌었을 뿐 자유롭고, 검소하고, 여유롭게 배낭의 도전정신으로 다닌다고 말한다.

자유 여행은 근기가 바탕이 되어 누리기 때문에 패키지 여행하고는 다르다고 얘기한다. 견디고 버티는 '근기'가 패키지 여행은 부족하다고 한다. 입장료 1,000원을 깎으려고 싸웠고, 길이 아닌 길로 다니면서 추위에 떨면서 잠을 잤다. 쿠바여행도 배낭이 캐리어로 바뀌었을 뿐 힘들게 캐리어를 끌고 다니면서 숙소를 찾아다녔다. 캐리어를 버리고 싶을 정도로 힘들었어도 참고 견디며 다녔다. 배낭 메고 다닐 때보다 더 힘든 것 같아 배낭정신을 얘기하는 것 같다.

삶의 여러 현장에서도 배낭정신이 필요하다. 배낭 메고 언제든지 떠날 수 있고 근기로 버틸 수 있어야 되기 때문이다. 직장에서 해가 바뀌면 자리를 옮기는 분위기도 배낭에 짐 넣고 옮기는 모양과 비슷했다. 실제로 짐이 많아 캐리어로 옮긴 적도 있다. 해마다 언제든 자유롭게 자리를 떠나고 새 자리에 적응할 자세를 가지게 된다.

직장에서뿐만 아니라 이사를 갈 때도 마찬가지다. 한 곳에 정착하다 집을 옮길 때도 내가 지니고 있는 소유물을 가볍게 하고 자유로워질 필요가 있다. 버티고 견딜 때 근기가 필요하면 있는 힘을 다해야 하지만 또 한편으로는 집착에서 벗어나야 한다.

그렇듯 삶에서도 언제든지 떠날 수 있도록 자유로움이 있는 배낭정신이 필요하다. 인생을 여행이나 소풍으로 안다면 자유롭게, 여유롭게, 도전과 용기가 필요한 배낭정신이 늘 필요하다고 할 수 있다.

이번 쿠바 여행도 여느 여행처럼 좋은 풍경을 보고 맛있는 음식 먹으며 다녔다. 캐리어를 끌고 쿠바 전국의 거리를 힘들게 다녔지만 다니는 내내 즐거웠다. 즐겁고, 여유롭고, 근기가 있는 배낭 정신이 발현한 여행이었다. 유심히 보려 한 것은 없다. 여행의 출발은 충동적이었지만 길을 다닐 때는 의심하는 성격이 있어 차분했다. 늘 흘러나오는 음악과 쉽게 접할 수 있는 춤을 만나 여행 내내 유쾌했다. 답답한 생활을 하다 만나 더없이 좋았다. 처음부터 끝까지 딸 덕분에 여행을 잘 마쳤다. 어느새 또 하나의 새로운 눈이 있음을 알게 되었다. 사랑에다 믿음이 더해졌다. 어디에서나 눈빛을 맞추는 것만으로 마음을 열 수 있을 것처럼 편안했다.

돌아와 보니 쿠바와 한국의 체제를 얘기하는 데에도 배낭 정신이 통하는 것을 알았다. 쿠바의 피델 카스트로가 배낭을 메고 다닌 사진을 보았다. 한국의 문재인 대통령이 수염을 기르고 근기를 보인 사진을 보았다. 자유롭고 근기를 보여주는 배낭정신을 느낄 수 있다. 윽! 그만 꾸며대야 할 것 같다. 얘기할수록 배낭정신이 훼손되는 기분이 든다.

에필로그

짧은 기간의 현장체험 학습을 한 뒤 보고서를 쓰는 기분이다. 쿠바에 대한 속사정도 잘 모르기에 한계가 뚜렷하다. 일례로 쿠바 한인에 관한 뛰어난 영화 '헤로니모'(전후석 감독)도 여행을 다녀온 뒤 알게 되었다. 쿠바혁명 때 피델 카스트로, 체 게바라와 함께했던 임은조(헤로니모)님을 진작 알았으면 좀 더 개념 있는(?) 여행이 되지 않았나 생각한다. 이렇게 쿠바를 잘 알지 못하고 비전문가이지만 그동안 여행했던 스타일로 쿠바를 그렸다.

쿠바는 남미에서 안전한 나라에 속한다. 언제든지 가도 좋다. 아열대 날씨와 건기를 고려한다면 우리나라가 추울 때 떠나면 더 좋다. 따뜻하다. 면적이 한반도의 반 정도이고 남한과 비슷하다. 수도는 아바나이고 전체 인구는 1,123만 명(쿠바통계청 2020년 기준) 정도다.

언어는 스페인어를 쓴다. 기본적인 스페인어를 배우고 가면 좋다. 일반 숙소는 영어가 가능하므로 여행하는 데 불편함은 없다.

인종은 백인이 64.1퍼센트, 물라토가 26.6퍼센트, 흑인 9.3퍼센트로 나오는데, 흑인이 많이 눈에 띄었다. 인종 구성에 대한 통계는 차이가 있다.

한국과는 미수교 국가이나 기업이나 단체에서 다양한 협정을 체결하고 있다. 한국과 쿠바 한인들 사이에 비공식적인 관계는 오래됐지만, 2005년 대한무역투자진흥공사(KOTRA)가 아바나 무역관을 개설하면서 한국과 쿠바 관계는 획기적으로 개선됐다고 한다.(쿠바 한인 이민 100년사, 2021년) 북한과는 수교하였고 사회주의 국가이기에 정치적으로 가깝다. 정서적으로 젊은이들은 한국과 더 가까운 듯하다. 한류와 방탄소년단(BTS) 덕이다.

통화는 외국인 전용화폐(CUC), 내국인 전용화폐(CUP)를 쓰다 내국인 전용 화폐 하나로 통일됐다. 종교는 자유이고 가톨릭이 85퍼센트이다. 인터넷이 자 유롭지 않다. 오프라인 지도를 다운 받아 가면 좋다. 오프라인일 때 데이터를 쓰지 않고 길을 찾기 위해서 미리 핸드폰에 맵스 미(maps me) 지도를 다운 받아 다녔다. 인터넷 망이 좋아지니 점점 편해지리라 본다.

쿠바는 지리적으로 아이티와 자메이카, 미국, 멕시코와 가까운 거리에 있다. 한국에서 갈 때는 보통 캐나다와 멕시코를 이용한다. 나는 러시아를 경유하 여 갔으니 방법은 여러 가지다. 서울에서 러시아 모스크바를 갈 때 비행기 시 간이 9시간 35분, 모스크바에서 아바나까지 13시간 걸려 갔다. 서울에서 멕 시코시티까지 13시간 40분, 멕시코시티에서 아바나까지 2시간 40분 걸리는 코스를 많이 선택한다.

쿠바의 바라코아에서 아바나를 갈 때는 국내선 항공(www.cubana.cu)과 버스 비아술(www.viazul.com)을 이용할 수 있다. 여행자 보험은 영문증명 서로 발급해달라고 해야 하며 증명서가 몸에서 떨어지지 말아야 되는 것도 알 리라 생각한다. 쿠바여행자 증명서인 비자도 한국에서 미리 발급받아야 한다.

정치와 사회는 짧게 만나 깊이가 더 옅다. 만약 우리나라보다 부러운 부분을 언급했다면 우리나라가 더 잘되기 위해서다. 비판 없이 발전은 없다. 좋은 방향을 설정하고 보완해야 한다.

쿠바에 눈이 멈출 때가 있었다. 의료와 교육 등 사회 자본의 공공성이었다. 아쉽게도 현재 쿠바 국민은 가난에 처해 있다. 미국의 오랜 경제 봉쇄로 지칠 대로 지치기도 했다. 일부가 보트로 미국으로 밀입국하려다 바다에 빠져 죽었다는 뉴스가 최근에 나왔다. 2021년 쿠바에서 반정부 시위가 나자 미 대통령은 쿠바가 실패한 국가라고 선언하기도 했다. 그렇다고 기죽을 쿠바가 아니겠지만 현실은 냉혹하다. 언제부터인가 쿠바가 자랑하는 의료와 교육 체계도 흔들린다고 한다. 관료층과 현지 국민들 사이에 양극화도 커 보인다. 쿠바 앞에는 세계가 부러워하는 좋은 제도를 어떻게 지켜 나아갈지 치러야 할 시험이 기다린 듯하다. 성공한 듯한 쿠바 사회주의의 이상이 현실에서 비틀거릴 때, 딸과 함께 잠시 거닐며 우리나라를 생각했다. 귓가에는 "비바 쿠바"하는 쿠바 청년의 소리가 맴돈다.

한국은 잘 사는 나라에 속한다. 단군 이래 가장 호황인 한국을 만나고 있어 기쁘다. 허나 경제, 사회 곳곳에서 개혁해야 될 부분이 많다. 경제적 불평등은 심각하다. 한국을 더욱 자랑스러운 나라가 되는 게 모두의 바람이다. 선진 국이라 불리게 됐으니 그에 걸맞게 한국식 민주주의와 복지 정책을 발전시켜야 된다고 생각한다. 우리나라의 민주주의가 세계가 부러워할 정도로 더욱 나아가야 한다. 복지나 의료 체계를 민영에 맡기지 않고 공공성을 더욱 확대해야 한다.

쿠바를 갔다 오니 쿠바라는 나라에 더 애착이 생긴다. 쿠바의 현 제도를 잘 개선하여 쿠바 국민이 가난에서 벗어났으면 좋겠다. 민주주의와 인권도 확장되어야 한다. 말처럼 쉽게 안 되겠지만 혁명을 이룬 저력으로 잘 해내길 기대한다. 우리나라가 정치·사회·문화면에서 쿠바와 더 친해지면 좋겠다는 생각도 한다. 우리나라는 홍익인간의 후손이다. 널리 인간을 복되게 할 수 있다. 도울 수 있는 부분을 도와준다면 우리의 국격도 더 높아질 게 틀림없다. 거창하게 생각할 필요 없다. 친하게 지내는 게 돕는 일이다. 어디든 평화가 답이다.

참고자료

1. 브렌던 세인스버리, 루크 워터슨, 2016, 《론리플래닛 쿠바》, 안그라픽스

2. 아비바 촘스키, 아비바 촘스키 지음, 2014, 《쿠바혁명사》, 삼천리

3. 장 코르미에 지음/ 김미선 옮김, 2017, 《체 게바라 평전》, 실천문학사

4. 배진희, 2019, 《거꾸로 가는 쿠바는 행복하다》, 시대의 창

5. 체 게바라 지음 / 박지민 옮김, 2006, 《체 게바라 자서전》, 황매

6. 손호철, 2019, 《카미노 데 쿠바》, 이매진

7. 볼테르 지음 / 송기형, 임미경 옮김, 2004, 《관용론》, 한길사

8. 김수영 /김수명 편,1981, 《김수영 시 전집》, 민음사

9. 신영복, 2016, 《감옥으로부터의 사색》, 돌베개

10. Antoine de Saint-Exupery/Katherine Woods, 2009, 《The Little Prince》,
    EGMONT

참고 사이트

1. cafe.naver.com/realcuba

2. www.kosti.or.kr

그 밖의 여러 책과 daum, naver, google 등 sns를 지나가다 보며 영감과 도움을 받음.

비바, 쿠바!

초판1쇄 2023년 2월 25일
지 은 이 신병준·신혜원
펴 낸 곳 하모니북

출판등록 2018년 5월 2일 제 2018-0000-68호
이 메 일 harmony.book1@gmail.com
전화번호 02-2671-5663
팩   스 02-2671-5662

ISBN 979-11-6747-100-0 03950
ⓒ 신병준·신혜원, 2023, Printed in Korea

값 16,500원

이 도서의 국립중앙도서관 출판예정도서목록(CIP)은 서지정보유통지원시스템 홈페이지(http://seoji.nl.go.kr)와 국가자료공동목록시스템(http://www.nl.go.kr/kolisnet)에서 이용하실 수 있습니다.